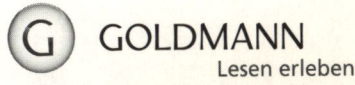

GOLDMANN
Lesen erleben

An irgendeinem Punkt hat es wohl jede Frau satt, ewig nörgeln zu müssen, bis ihr Mann endlich mal den Wasserhahn repariert. Oder sie wünscht sich, er würde sich mehr um sie und ihre Beziehung kümmern. Oder aber sie verzweifelt endgültig daran, dass er sich nie wie ein Erwachsener benimmt. Und wenn sie das Problem anspricht, reagiert er abwehrend, gereizt oder verschwindet einfach. Was läuft da falsch? Sie liebt ihn doch! Die Autorinnen Donna Sozio und Samantha Brett sind erfahrene Beziehungsexpertinnen und Spezialistinnen in der Kommunikation mit dem unbekannten Wesen namens Mann. Gerne weihen sie ihre Leserinnen in das Geheimnis ein, wie Frauen zu einer vertrauensvollen, partnerschaftlichen Beziehung finden, in der ihre Männer sich fantastisch fühlen und ihnen gerne jeden Wunsch von den Augen ablesen. Sie erklären anhand zahlreicher amüsanter Anekdoten, wie Männer wirklich ticken, und geben mit Tipps gespickte Anleitungen, wie frau ihre Worte passend wählen und platzieren muss, damit die Botschaft auch richtig ankommt. Ob der Mann gerade erst in ihr Leben getreten ist oder beide schon lange in einer festen Beziehung leben – diese Anleitung zur erfolgreichen Kommunikation hilft jeder Frau bei der Lösung aller Probleme.

Autorinnen

Donna Sozio ist Beziehungsexpertin und Autorin. Ihr erstes Buch wird gerade verfilmt. Sie lebt in Los Angeles, Kalifornien.
Samantha Brett ist Beziehungsexpertin und schreibt einen entsprechenden Blog für den *Sydney Morning Herald.* Sie lebt in Sydney.

Donna Sozio
Samantha Brett

Mein Mann
macht, was ich will, und
ist glücklich

Aus dem Amerikanischen
von Eva Kornbichler

GOLDMANN

Alle Ratschläge in diesem Buch wurden von den Autorinnen und vom Verlag sorgfältig erwogen und geprüft. Eine Garantie kann dennoch nicht übernommen werden. Eine Haftung der Autorinnen beziehungsweise des Verlags und seiner Beauftragten für Personen-, Sach- und Vermögensschäden ist daher ausgeschlossen.

Verlagsgruppe Random House FSC® N001967
Das für dieses Buch verwendete FSC®-zertifizierte Papier *Classic 95*
liefert Stora Enso, Finnland.

Dieses Buch ist auch als E-Book erhältlich

3. Auflage
Deutsche Erstausgabe Oktober 2013
Wilhelm Goldmann Verlag, München,
in der Verlagsgruppe Random House GmbH
© 2013 der deutschsprachigen Ausgabe
Wilhelm Goldmann Verlag, München,
in der Verlagsgruppe Random House GmbH
© 2011 der Originalausgabe F+W Media, Inc.
Originaltitel: The Man Whisperer
Originalverlag: Adams Media, ein Unternehmen von F + W Media, Inc.
Umschlaggestaltung: Uno Werbeagentur, München
Umschlagillustration: Fine Pic®, München
Redaktion: Angela Troni
Satz: Buch-Werkstatt GmbH, Bad Aibling
Druck und Bindung: GGP Media GmbH, Pößneck
CB · Herstellung: IH
Printed in Germany
ISBN 978-3-442-17392-1
www.goldmann-verlag.de

Besuchen Sie den Goldmann Verlag im Netz

Unseren Müttern gewidmet,
die sich bestens auf die Kunst verstehen,
richtig mit ihren Männern zu kommunizieren

Inhalt

Einleitung

Wünschen auch Sie sich, dass der Mann in Ihrem Leben seine Gefühle offener ausdrückt, seine Scheu vor Verpflichtungen überwindet, sich großzügiger zeigt und zärtlicher ist, dass er etwas gegen seine zusammengewachsenen Augenbrauen tut, nicht mehr so viele doppelte Cheeseburger verdrückt, Sie in ein romantisches Wochenende entführt, den tropfenden Wasserhahn repariert, Ihnen öfter sagt, dass er Sie liebt, oder Sie mit einem Blumenstrauß überrascht ... einfach nur so?

Natürlich wünschen Sie sich das!

Warum?

Ganz einfach: weil Sie ihn lieben.

Leider gaukelt man uns Frauen mit *Sex and the City, Grey's Anatomy* und all den anderen Serien und Filmen, die von Traummännern nur so wimmeln, ein Leben lang vor, dass wir auf Mr. Right warten müssen, der sich dann unsterblich in uns verliebt und uns einen glitzernden Ring an den Finger steckt. Außerdem räumt er selbstverständlich seinen Müll selbst weg, betet uns an und umsorgt uns, denkt immer daran anzurufen, wenn er (wieder einmal) später nach Hause kommt, und trägt uns überhaupt auf Händen. Von wegen! Früher oder später entpuppt sich der vollkommene Mann plötzlich als gar nicht mehr so vollkommen. Da muss frau schleunigst etwas unternehmen, bevor sie den Verstand verliert.

Wenn Ihnen diese Problematik bekannt vorkommt, sind

Sie nicht allein. Die gute Nachricht lautet, dass wir Autorinnen eine Methode gefunden haben, wie Sie bei Ihrem Mann und damit für Ihre Beziehung das erreichen, was Sie sich schon immer gewünscht haben. Herzlich willkommen also in einer neuen Welt, in der Ihr Mann macht, was Sie wollen, und glücklich dabei ist.

Der Schlüssel, um Ihr Beziehungsleben zu ändern, liegt allein in Ihren Händen und darin, wie und mit welchen Worten Sie mit Ihrem Mann sprechen. Um ihn um den Finger wickeln zu können, müssen Sie lernen, anders zu denken, anders zu sprechen und sich anders zu verhalten, als Sie es bisher getan haben. Aber diese Mühe lohnt sich, denn Sie werden Ihren Mann dazu bringen, sich so zu benehmen, wie Sie es sich erträumen, und er wird allen Ernstes glauben, es sei seine eigene geniale Idee gewesen.

In dem verzweifelten Versuch, unseren Freund, Verlobten oder Ehegatten ein wenig mehr in jenen Traumprinzen zu verwandeln, den wir ursprünglich in ihm gesehen haben, entwickeln wir Frauen oft hässliche Gewohnheiten: Wir fangen an zu nörgeln, Forderungen zu stellen, ihm keine Ruhe mehr zu lassen und noch mehr zu nörgeln, damit er endlich tut, was wir von ihm wollen. Doch mit welchem Ergebnis? Meistens erreichen wir – welch Überraschung! – genau das Gegenteil. Nörgeln bringt keinen einzigen Mann dazu, freudig vom Sofa aufzuspringen und unsere Wünsche zu erfüllen, sondern lässt ihn eher noch mehr Ausflüchte erfinden, um sich uns zu entziehen. Jetzt mal ehrlich: Wer könnte es ihnen verdenken? Nörgeleien und Meckereien geben einem Mann das Gefühl, kein Märchenprinz zu sein, sondern ein Versager, der nichts auf die Reihe bringt. Nicht zuletzt werden Sie dadurch zu einer desillusionierten Frau, die ihren Abfalleimer selbst hinausbringt und sich fragt, was zum Henker eigentlich mit ihrem Mann los ist. Nörgeln Sie – und keiner von beiden hat etwas davon!

Wenn Sie dagegen unsere Technik erlernen, können Ihre Träume wahr werden. Ihr Mann wird Ihnen aus der Hand fressen und Ihnen seine Aufmerksamkeit und Zeit schenken, wann immer es Ihnen beliebt – ohne Bettelei, Ärger oder unerwünschte Gegenreaktionen. (Das ist nichts als die Wahrheit!)

Es liegt nämlich in der Natur des Mannes, sich wie der Traummann zu verhalten, den Sie einst in ihm gesehen haben – Sie müssen nur lernen, die entsprechenden Eigenschaften in ihm zum Vorschein zu bringen. Im Grunde möchten Männer nämlich gern Dinge in Ordnung bringen, uns beschützen, sich um uns kümmern, unser strahlender Held sein, den Pool reinigen, den tropfenden Wasserhahn reparieren und überhaupt alles tun, worum wir sie bitten. Warum? Ganz einfach: weil Männer schlicht das Bedürfnis haben, Frauen gefällig zu sein.

Das Gute an unserer Methode ist, dass sie weder mit komplizierten Strategien oder einschüchternden Theorien noch mit Spielchen oder Manipulation zu tun hat. Vielmehr handelt es sich dabei lediglich um eine Veränderung Ihrer

Sichtweise, der Worte, die Sie verwenden, und der Art, wie Sie Ihr Anliegen zum Ausdruck bringen. Sie werden davon begeistert sein – und er auch, das garantieren wir Ihnen. Andere Frauen werden Sie beneiden und versuchen, hinter Ihr Geheimnis zu kommen, weil Ihr Mann Sie wirklich glücklich machen wird.

Wie auch immer Ihre Beziehung beschaffen sein mag, ob Sie den Mann in Ihrem Leben gerade erst kennen gelernt haben oder ob Sie in einer langjährigen Beziehung stecken (oder in irgendetwas dazwischen), Sie können mit dieser neuen Art, miteinander umzugehen, jederzeit problemlos anfangen. Es wird Ihre Beziehung von Grund auf positiv verändern, egal, wie verfahren oder hoffnungslos Ihre Situation Ihnen womöglich erscheinen mag.

Also, zögern Sie nicht, lesen und lernen Sie, und wickeln Sie ihn noch heute um den Finger!

So bringen Sie Glück in Ihre Beziehung

—————

In fünf Schritten zu einem Mann, von dem Sie bekommen, was Sie wollen (und zwar immer!)

—————

»Es gibt nur eine Phase im Leben,
in der eine Frau einen Mann
verändern kann, und zwar als Baby.«

Natalie Wood

»Man kann einen Mann nicht ändern.
Aber ein Mann kann sich ändern!«

Donna und Sam

Wie funktioniert die Methode?

Mit der Methode erreichen Sie durch Ihre neue besondere Art der Kommunikation mit Ihrem Partner, dass er freiwillig den Fernseher ausschaltet und, ohne zu zögern, sein Bier abstellt, um Ihnen seine ganze Aufmerksamkeit zu widmen. Ihr Mann sieht Sie nicht als lästige Nervensäge oder Peitschenschwingerin, sondern als seine geliebte Freundin, Ehefrau oder Verlobte. Noch dazu findet er den Gedanken aufregend, den Rest seines Lebens mit Ihnen zu verbringen, ist zuverlässig für Sie da und hört Ihnen mit liebevollem Interesse zu, wenn Sie ihm etwas sagen möchten!

Wenn Sie die Methode erlernen, werden in Ihrer Beziehung bald Liebe, Friede und Erfüllung Einkehr halten, statt Frustration, Misstrauen und Enttäuschung. Und das Beste daran: Diese Art, mit Ihrem Mann umzugehen, ist in keiner Weise manipulativ.

FALLSTUDIE: **Heidi und James**

Heidi (36) ist seit drei Jahren mit James verheiratet. Sie beschreibt ihren Mann als »Nichtsnutz« (was sie ihm auch offen sagt) und meckert pausenlos an ihm herum. Wegen jeder Kleinigkeit gehen sich die beiden an die Kehle. Laut Heidi hebt James nie den Hintern vom Sofa, um ihr bei den Einkäufen zu helfen, und hat sie auch schon viel zu lange nicht mehr zu einem romantischen Abendessen ausgeführt. Sie hat das Gefühl, dass James nie Zeit für eine Aussprache über ihre Beziehung hat, weil ihm seine Sportsendungen wichtiger sind. Nachdem er meist den ganzen Abend vor dem Fernseher verbracht hat, kommt er ins Bett, tätschelt ihr Bein und will Sex!

Heidi kocht innerlich, denn unterdrückter Ärger und Wut haben sich über die Jahre in ihr aufgestaut. Natürlich war ihre Beziehung nicht immer so, aber mit der Zeit hat Heidi den Eindruck gewonnen, dass sie keine gleichberechtigten Partner mehr seien, weil James seinen Anteil an den alltäglichen Pflichten nicht erfülle. Heidi wollte eigentlich gar nicht anfangen zu nörgeln, und es macht ihr auch keinen Spaß, aber sie ist zu dem Schluss gekommen, dass es der einzige Weg ist, um James dazu zu bringen, überhaupt etwas für sie zu tun.

Weil Heidi der Auffassung ist, dass sie und James gleichermaßen in ihre Beziehung investieren müssen, führt sie innerlich eine Strichliste. Das vorhandene Ungleichgewicht macht sie wütend.

Die meisten Frauen, die so vorgehen, fühlen sich einfach nicht genügend anerkannt, obwohl normalerweise sie diejenigen sind, die »mehr« tun als ihr Partner. Heidi muss sich klarmachen, dass ihre Beziehung genau so werden kann, wie sie es sich vorstellt: Wenn sie aufhört, innerlich alles aufzurechnen, und stattdessen ihren Mann für alles lobt, was er für sie tut (und das ist mehr, als sie glaubt!).

Heidi hat ihre Beziehungsprobleme stets darauf geschoben, dass sie beide zu viel zu tun haben. Während sie an einem anspruchsvollen MBA-Programm teilnahm, arbeitete James auf eine Beförderung hin und machte ständig Überstunden. Da zu Hause praktisch immer Krieg herrschte, ging James nach der Arbeit lieber noch ins Fitness-Studio oder auf ein Bier mit seinen Kollegen. Heidi dagegen verabredete sich mit ihren Freundinnen oder beamte sich beim Yoga in eine andere Welt, um dem Konflikt aus dem Weg zu gehen und sich nicht einsam zu fühlen.

Keiner von beiden wollte seine knapp bemessene Freizeit, von der sie sich ein wenig Erholung und Spaß erwarteten, einem genervten, keifenden oder murrenden Partner opfern. Heidi sehnte sich nach den Zeiten zurück, in denen es zwischen ihnen noch geknistert hatte und sie stundenlange Gespräche geführt hatten. Inzwischen hatte James kaum einmal auch nur zwei Minuten Zeit für sie, und selbst darum musste sie kämpfen.

Wenn James am Abend (wieder einmal) vergessen hatte, aus dem Supermarkt mitzubringen, worum Heidi ihn gebeten hatte, reagierte sie mit dem üblichen Rundumschlag: »Nie kannst du mal etwas für mich tun. Kannst du mir sagen, warum wir eigentlich verheiratet sind?« Eigentlich wollte sie damit nur erreichen, dass James ihr endlich mal wieder Aufmerksamkeit schenkte. Weil Heidi sich vernachlässigt fühlte, begann sie James anzublaffen, dass er ihr nicht zuhöre, dass er sich nicht genug Zeit für sie nehme, dass er ihr nie sage, er liebe sie, und dass er sie mehr wie eine Haushälterin behandele, statt wie seine attraktive Freundin, die er umworben und geheiratet hatte!

James ging sofort in die Defensive und verteidigte sich damit, dass er in der Arbeit viel um die Ohren habe und dass sie ihm wegen jeder Kleinigkeit immer gleich an die Kehle gehe, er könne ihr sowieso nie etwas recht machen. »Wozu soll ich mir dann noch die Mühe machen?«, fragte er.

Darauf folgte der übliche hitzige Streit, und anschließend sprachen sie drei Tage lang kein Wort mehr miteinander. Sex stand gar nicht zur Debatte, und so entfernten sie sich immer mehr voneinander. James nahm Heidi ihr Schweigen übel, und Heidi nahm James übel, dass er ihr nie die ersehnte Zuneigung zeigte. Beiden war dabei elend zumute, sie waren desillusioniert und fragten sich, was mit ihrer Beziehung nicht stimmte – und das ganze Desaster nur wegen ein paar vergessenen Besorgungen!

Dabei war an Heidis Unglücklichsein gar nicht der vergessene Gang zum Supermarkt schuld, sondern die Tatsache, dass sie ihre innere Strichliste führte, statt konstruktiv an die Sache heranzugehen und die Aufgaben so zu verteilen, dass jeder für das zuständig war, was ihm am meisten lag.

Aber mit Sicherheit konnte sie das Ruder herumwerfen. Sie musste einfach nur anfangen, anders mit ihm zu kommunizieren.

Wie Sie Ihre Beziehung verbessern können

Mit der Methode können Sie:

- eine harmonische Beziehung zu Ihrem Mann aufbauen und sinnlose Streitereien vermeiden,
- eine dynamische Partnerschaft mit Ihrem Mann führen, die Ihnen die seelische Kraft und den Glauben daran schenkt, alles gemeinsam schaffen zu können,
- jedes Gespräch mit Ihrem Mann stressfrei, einfach und an-

genehm gestalten, egal, um welches Thema es geht oder in welcher Situation Sie sich gerade befinden,

- in Ihrem Mann die romantische, liebevolle Seite zum Vorschein bringen, sobald er keine Angst mehr hat, Ihnen seine Liebe offen zu zeigen,
- Ihr Liebesleben wieder zum Knistern bringen.

Egal, wie distanziert Sie und Ihr Mann inzwischen miteinander umgehen, Sie halten mit diesem Buch den Schlüssel in der Hand, um alles in Ordnung bringen zu können.

Fünf einfache Schritte

Die folgenden fünf Schritte werden Ihnen dabei helfen, eine neue Sensibilität zu entwickeln, so dass Sie bald in der Lage sein werden, intuitiv richtig mit Ihrem Mann zu kommunizieren. Keine Sorge, Sie müssen nicht jedes Mal, wenn Sie den Mund aufmachen wollen, erst mühsam über Ihre Worte nachdenken, denn unsere Methode wird Ihnen bald zur zweiten Natur werden. Sie basiert auf wissenschaftlichen Fakten, weshalb wir uns unter anderem mit einigen biologischen Grundlagen befassen werden (etwa wenn wir im Kapitel »Den Männerverstand verstehen« das männliche Gehirn analysieren), damit Sie besser nachvollziehen können, wie und warum das Ganze funktioniert. Wenn Sie die Grundlagen erst verstanden haben, wird der Rest ein Kinderspiel.

Das Leben wird Ihnen auf einmal viel leichter erscheinen, denn Ihr Mann wird Ihren Wünschen viel bereitwilliger entsprechen – und das aus freien Stücken. Sie müssen Ihre Wünsche nur in einem anderen Ton vorbringen, und es funktioniert praktisch wie von selbst. Warum? Na, weil die Methode von keinem der Beteiligten etwas verlangt, das ihm gegen den Strich geht, sondern dem natürlichen Austausch von Mann und Frau entspricht und das Beste in beiden zutage treten lässt.

Schritt 1:
Werden Sie sich über Ihr Anliegen klar

Bevor Sie etwas mit Ihrem Mann besprechen, müssen Sie sich zunächst bewusst machen, was genau Sie von ihm wollen. Das mag sich albern anhören, aber viele Frauen haben die Angewohnheit, ein Gespräch mit irgendeiner unwichtigen Kleinigkeit zu beginnen, anstatt gleich zu sagen, was sie auf dem Herzen haben. Dieses umständliche Heranpirschen geht den Männern nicht nur auf die Nerven, sondern bringt Sie auch nicht weiter.

Wir haben uns fünf allgemeine Themenrichtungen überlegt, alles Anliegen, über die Frauen mit ihren Männern gern sprechen würden, und womöglich fällt Ihres ja auch darunter:

- Sie möchten mit Ihrem Mann etwas besprechen, das Ihnen Kopfzerbrechen bereitet,
- Sie möchten mit Ihrem Mann etwas besprechen, das ihm ganz offensichtlich Kopfzerbrechen bereitet,

- Sie möchten, dass Ihr Mann etwas in Ordnung bringt, z. B. den verstopften Abfluss, den verkalkten Wasserhahn oder den Computer,
- Sie möchten, dass Ihr Mann etwas Bestimmtes tut, z. B. mit dem Hund Gassi gehen, sich etwas häufiger blicken lassen, wenn Ihre Freundinnen zu Besuch sind, oder die Garage fegen,
- Sie möchten, dass Ihr Mann Ihnen etwas Besonderes schenkt, z. B. einen Orgasmus, eine Massage oder sonst einen Liebesdienst.

Sobald Sie wissen, was genau Sie von Ihrem Mann wollen, versuchen Sie, sich darüber klar zu werden, warum Sie es wollen. Ist es einfach Bequemlichkeit, dass er nach dem Abendessen abspülen soll, weil Sie diese lästige Arbeit hassen? Oder geht es tiefer, und Sie verlangen es deshalb von ihm, weil Sie ansonsten immer *alles* erledigen und dafür nicht genügend Anerkennung bekommen? Wenn Sie das emotionale Bedürfnis erkannt haben, das Ihrem Wunsch zugrunde liegt, können Sie es Ihrem Mann mit den richtigen Worten besser verständlich machen.

Schritt 2:
Bringen Sie Ihr Anliegen möglichst effektiv vor

Sobald Sie sich über Ihr Anliegen und den zugrunde liegenden Auslöser klar geworden sind, besteht der nächste Schritt darin, dieses Ihrem Mann gegenüber in Form einer Bitte, Bemerkung oder Frage auszudrücken. Am besten funktioniert das, wenn Sie das Ganze mit einem Vorteil für Ihren Mann kombinieren, der für ihn ein Anreiz ist, aktiv zu werden. Wenn Sie ihm deutlich machen können, was er davon hat, reicht das oft schon, dass er Ihrem Wunsch nachkommt. Noch einmal: Diese Methode hat nichts mit Bestechung zu tun, sie soll Ihren Mann lediglich daran erinnern, dass auch er glücklich ist, sofern Sie glücklich sind. Und das bedeutet am Ende für beide etwas Gutes.

Achten Sie darauf, dass das, was Sie Ihrem Mann als Vorteil präsentieren, typisch männliche Lieblingsbeschäftigungen sind, etwa gutes Essen, Ruhe und Frieden, eine Auszeit mit seinen Kumpeln, neue Gegenstände (am besten schön glänzend) und Sex.

Warnung: Bloß kein Wink mit dem Zaunpfahl

Bei unserer Methode geht es nicht darum, Ihrem Mann den einen oder anderen Wink mit dem Zaunpfahl zu geben und dann frustriert zu sein, wenn er keine Gedanken lesen kann. Dies ist eine Gedankenleser-freie Zone!

Hier einige Beispiele dafür, wie Sie ein Anliegen richtig an den Mann bringen ... und wie nicht:

- »Wollen wir heute Abend (geäußerter Wunsch) zu unserem Lieblingsitaliener gehen? Du isst doch die Rigatoni mit Sahnesauce so gerne (sein Vorteil).«
  Nicht: »Du gehst überhaupt nicht mehr mit mir essen, du alte Spaßbremse!«
- »Wie wär's, wenn wir heute mal früher ins Bett gehen und unanständige Dinge tun?«
  Nicht: »Dauernd bist du zu müde für Sex. Was ist nur los mit dir?«
- »Schatz, ich hätte Lust, mal wieder tanzen zu gehen (Bemerkung). Was meinst du, soll ich mir was Scharfes anziehen, (sein Vorteil) und wir gehen in eine Disco (Vorschlag)?«
  Nicht: »Ich find's zum Kotzen, immer nur zu Hause auf der Couch rumzuhängen. Du bist so was von langweilig.«
- »Was hältst du davon, heute den Garten ein bisschen in Ordnung zu bringen (Bitte), dann könntest du deine Freunde zum Grillen einladen (sein Vorteil)?«
  Nicht: »Wir müssen uns endlich um dieses verdammte Unkraut kümmern!«
- »Wie wär's, wenn ich jetzt losgehe und diese Rechnungen bezahle, und heute Abend stürzt du dich auf mich?«
  Nicht: »Ich hab's satt, dauernd die verdammten Rechnungen zu bezahlen, und im Bett geht es nie um meine Wünsche!«

Komplimente mit ungeahnter Wirkung

Komplimente zu machen ist ein wunderbarer Anfang für ein Gespräch, frei nach dem Motto »Mein Anliegen – dein Vorteil«. Machen Sie Ihrem Mann ruhig so viele ehrliche Komplimente, und loben Sie ihn, wann immer Sie können, ohne zu übertreiben (oder das Gefühl zu haben, dass Sie übertreiben). Eine bewährte Kombination ist: Kompliment – Vorschlag – Kompliment, denn dabei fangen Sie positiv an und enden positiv.

Das Ganze könnte zum Beispiel so aussehen:

- »Machst du in letzter Zeit Liegestützen? Deine Arme sind so schön muskulös geworden! Könntest du mit deinen starken Armen eventuell diese Kartons mit der Winterkleidung auf den Dachboden bringen? Die sind so was von schwer, ich weiß, aber ich bin sicher, dass du das schaffst.«
- »Mm, du bist einfach wunderbar im Bett. Jetzt ein bisschen weiter links ... Ja, das ist gut ... Du bist ein echtes Naturtalent!«

Sie können den Satz auch dann mit einem Kompliment beginnen, wenn es Ihr Anliegen/Ihre Bitte/Ihr Wunsch ist, dass er mehr Fitnesstraining macht, weil er einen Bauchansatz bekommt. Wenn Sie ihm Komplimente über einen Körperteil machen, wird er den Wunsch verspüren, Ihnen noch besser zu gefallen, indem er auch andere Körperteile in Form bringt. Mit Komplimenten über einen Raum in seiner Wohnung, der präsentabel aussieht, sowie mit freundlich-witzigen Bemerkungen über die weniger vorzeigbaren, lösen Sie in ihm das Bedürfnis aus, auch die übrigen Zimmer in Ordnung zu bringen.

Beiläufige Bemerkungen

Neben Komplimenten sind auch beiläufige Bemerkungen eine wirksame Methode, um ein Anliegen nett und freundlich vorzubringen. (Auch hier gilt: niemals nörgeln!) Solche Bemerkungen können Sie mit Formulierungen einleiten wie »Anscheinend ...«, »Bilde ich mir das jetzt nur ein, oder ...«, »Meine Güte, was für ein ...«, »Ich habe kürzlich gelesen, dass ...«, »Ich habe gehört ...«, »Ich hätte Lust, jetzt ...«

Hier noch einige Beispiele für solche beiläufigen Bemerkungen:

- »Ich habe gerade einen Artikel darüber gelesen, dass es gesund ist, regelmäßig Fisch zu essen. Meinst du, wir sollten es einmal die Woche mit einem Fischgericht versuchen, anstelle des wöchentlichen Hamburgers?«
- »Ich habe gehört, dass in der Innenstadt ein schickes neues Tapas-Restaurant aufgemacht hat. Hättest du Lust, das mal auszuprobieren?«
- »Sieht aus, als würde heute ein herrlicher Tag. Da wäre es doch schön, an den Strand zu fahren. Was meinst du?«
- »Bilde ich mir das jetzt nur ein, oder stinkt es wirklich aus dem Mülleimer?«

Schritt 3:
Im richtigen Moment schweigen!

Wenn während eines ernsthaften Gesprächs mit Ihrem Mann einmal eine längere Pause entsteht, neigen Sie dann dazu, die Stille sofort mit im Voraus überlegten Lösungsvorschlägen für das gerade diskutierte Problem zu füllen? Wahrscheinlich wird dann der Blick Ihres Mannes glasig, während er weghört und die Augen verdreht oder demonstrativ auf die Uhr blickt. Stattdessen sollten Sie lieber den Moment der Stille genießen und Schritt 3 beherzigen: im richtigen Moment die Klappe halten!

Wenn Sie in einer solchen Situation schweigen, sparen Sie sich Ihren Atem und geben dem Mann in Ihrem Leben ein wenig Zeit, um selbst auf eine akzeptable Lösung für das Dilemma zu kommen, mit dem Sie ihn konfrontiert haben. Männer sind mit Problemlösungen nun mal nicht so schnell zur Hand wie Frauen (zumindest hat es den Anschein) und brauchen ein paar Minuten, manchmal auch Stunden, um einen Vorschlag zu präsentieren. Dazu benötigen sie vor allem Ruhe. Vielleicht muss sich Ihr Mann dafür sogar für eine Weile in seine Höhle zurückziehen – wenn dem so ist: Lassen Sie ihn.

Wenn Sie dieses produktive Schweigen aushalten (und dabei auf gar keinen Fall nörgeln), wird Ihnen Ihr Mann umso schneller eine Lösung anbieten, und höchstwahrscheinlich wird diese Ihnen besser gefallen, als wenn Sie pausenlos und nutzlos reden und reden und reden. Kurze Momente des Schweigens können bei einem Mann wahre Wunder wirken.

Daher gilt: Sobald Sie Ihr Anliegen vorgebracht haben, hören Sie auf zu reden. Lernen Sie, ihm Zeit zu lassen, damit er sich in Ruhe eine Lösung überlegen kann.

Schritt 4:
Lassen Sie ihn machen

Männer neigen von Natur aus dazu, Dinge in Ordnung bringen zu wollen. Sie denken im Allgemeinen systematischer als Frauen, und sie schlagen sich gern mit kniffligen Aufgaben herum. Statt Ihrem Mann also eine vermeintliche Ideallösung vorzukauen, lassen Sie ihn selbst werkeln und »reparieren«, was immer Sie in Schritt 1 vorgebracht haben. Dadurch fühlt er sich wie Ihr strahlender Held, egal wie simpel die Lösung am Ende ist. Außerdem hält er sich lieber an eine Lösung, die er selbst vorgeschlagen hat. Sie werden überrascht sein, welche Kreativität, Begeisterung und Hartnäckigkeit er entwickeln kann, wenn Sie ihn nur lassen.

Schritt 5:
Belohnen Sie ihn

Kennen Sie den Spruch: »Keine gute Tat bleibt ungestraft«? Der Satz muss von Männern geprägt worden sein, deren Frauen ständig an ihnen herumnörgeln. Wenn Sie bei einem Mann unsere Methode anwenden, vergessen Sie bitte nicht, ihn zu belohnen, vor allem, wenn es um Kleinigkeiten geht. Zeigen Sie ihm immer, wie sehr Sie das schätzen, was er für Sie tut. Eine Belohnung kann ein Kuss auf die Wange sein,

ein Lächeln, ein zärtliches Drücken seines Arms oder auch ein paar nette Worte, etwa indem Sie ihm sagen, dass er Sie gerade glücklich gemacht hat.

Je mehr Sie Ihren Mann loben und belohnen, desto häufiger wird er Ihnen gerne einen Gefallen tun. Das Geheimnis dieser gut funktionierenden Methode liegt darin, dass Männer ihr Innerstes öffnen und einer Frau zeigen, dass sie sie lieben, wenn sie ihr anbieten, etwas für sie zu tun. Äußert die Frau dann keine Anerkennung oder nörgelt sogar an ihm herum, kann das für den Mann äußerst verletzend sein, da er sich zurückgewiesen fühlt. Drückt sie dagegen ihre Wertschätzung aus, dann bedeutet das für ihn, dass sie seine Liebe erwidert, und er sieht der nächsten Gelegenheit, ihr seine Liebe zu zeigen, freudig entgegen.

Das Beste im Mann

Wenn Sie erst einmal angefangen haben, unsere Methode anzuwenden, werden Sie bald einige Veränderungen an ihm feststellen: Er ist bereit, mehr zu geben, er zeigt sich kooperativ und rücksichtsvoll. Vergessen Sie dabei jedoch nie, dass nicht *Sie* ihn verändern. Sie helfen ihm vielmehr, sich zu dem Menschen zu entwickeln, der er immer schon sein wollte. Sie wecken in Ihrem Mann den Wunsch, Ihnen zu gefallen, indem Sie ihm beweisen, dass Sie ihm vertrauen und an seine Fähigkeiten glauben. Dieser veränderte Umgang bringt selbst

Männer, die sich eher jungenhaft benehmen (was für Frauen bestenfalls ziemlich frustrierend ist) dazu, richtige Männer zu werden. Richtige Männer hingegen bringt es dazu, noch besser zu werden.

Kommunizieren Sie weiblich

Um bei Ihrem Mann Erfolge zu erzielen, sollten Sie einen natürlichen femininen Kommunikationsstil pflegen. Dies mag wie ein Gegensatz zum intuitiven Verhalten klingen, aber es ist erwiesen, dass die typisch feminine Art zu kommunizieren die besten männlichen Eigenschaften im Partner zum Vorschein bringt. Während Nörgeln, Meckern sowie das Erteilen von Anweisungen aggressiv wirken und eher zum maskulinen Kommunikationsstil gehören, erzeugt die feminine Art einen sanften Energiefluss, der im Mann den natürlichen Wunsch weckt, der Gute zu sein und der Frau zu gefallen.

> **Weibliche Kommunikation** ist die halb vergessene Kunst, mit Männern in einem bestimmten Tonfall und in einer bestimmten Ausdrucksweise zu sprechen, um ihnen einen Wunsch, eine Bitte oder ein Bedürfnis anzutragen. Beides spricht den Instinkt des Mannes an, sich um die Frau zu kümmern sowie ihre Wünsche und Bedürfnisse zu erfüllen.

Allerdings ist die typisch weibliche Kommunikation nicht nur in Liebesbeziehungen das Mittel der Wahl, sondern auch wenn Sie in anderen Situationen mit Männern zu tun haben, zum Beispiel wenn Sie Ihren Wagen in die Werkstatt bringen oder wenn Sie sonst von einem Mann etwas erledigt haben wollen.

»In den vierzig Jahren meiner Ehe hat es natürlich immer wieder Momente gegeben, in denen ich meinem Mann am liebsten den Kopf abgerissen hätte. Trotzdem habe ich mir in jenen Momenten auf die Lippen gebissen, lieb gelächelt und den Streitpunkt fürs Erste beiseitegeschoben. Meine Freundinnen bezeichnen das als »Schauspielerei«, aber es hat funktioniert. Diese Jahre waren die besten in meinem Leben.«

SILVIA (82), RENTNERIN

Wie sieht weibliche Kommunikation aus?

Nehmen wir die Beziehung von Heidi und James als Beispiel dafür, wie weibliche Kommunikation funktioniert.

Sagen wir, James ist wieder einmal extrem lustlos von der Arbeit nach Hause gekommen. Statt wie immer negativ darauf zu reagieren (seufzen, Augen rollen) und sofort Ansprüche an ihn zu stellen, erzeugt Heidi nun gezielt eine unaggressive Stimmung.

»Weißt du, was? Dieses knappe, kleine Schwarze, das dir

immer so gut gefallen hat, habe ich schon ganz schön lange nicht mehr getragen. Du weißt schon, dieses rückenfreie, das bis hier geht«, eröffnet Heidi das Gespräch.

»Äh, hab ich ganz vergessen«, erwidert James leicht verwirrt.

Sie tritt einen Schritt näher, lächelt ihn an und berührt ihn sanft am Arm. »Ich dachte mir, es wäre doch sicher schön, wenn wir diese Woche etwas unternehmen, wobei ich das Kleid wieder mal tragen könnte«, gurrt sie. Danach sieht sie James nur an und wartet auf seine Antwort.

Nach schier endlosen vier Sekunden meint er: »Mal sehen, was mir da einfällt.«

Heidi berührt seine Lippen mit ihren, blickt ihm in die Augen und flüstert ihm ins Ohr: »Das fände ich herrlich.«

Ihr Herz macht einen Sprung, als sie am nächsten Tag zur Mittagszeit von James folgende SMS bekommt: »Wie wäre es mit Nobu Sushi am Freitag um acht?«

Sofort simst sie zurück: »Danke, Schatz, ich werde mich für dich todschick machen!«

Wenige Augenblicke später brummt ihr Telefon wieder. »Ich liebe dich«, schreibt er.

Diese Art der Kommunikation mit Ihrem Mann mag Ihnen wie ein unrealistischer Wunschtraum erscheinen, doch dem ist ganz und gar nicht so. Um dieses Ergebnis zu erzielen, hat Heidi nämlich mehr Aspekte unserer Methode berücksichtigt, als es auf den ersten Blick scheinen mag.

Stellen Sie keine Forderungen

Ist es Ihnen aufgefallen? Heidi hat weder etwas von James verlangt, noch hat sie sich beklagt. Sie hat auch nicht versucht, die Sache in die Hand zu nehmen, indem sie konkret geäußert hätte, wann sie wohin ausgeführt werden wollte. Erst recht nicht hat sie ihren Mann überfahren und zu einem Gehilfen degradiert, indem sie selbst etwas geplant und organisiert hätte, was er nur als eine weitere Verpflichtung aufgefasst hätte.

Äußern Sie einen einzigen Wunsch, und schweigen Sie dann

Statt James mit zu vielen Fakten oder hundert Wünschen und Vorschlägen zu bombardieren, hat Heidi *eine einzige* Aufgabe oder vielmehr ein zu lösendes Problem an James herangetragen. Das tat sie mit einer beiläufigen Bemerkung darüber, dass sie gerne einmal wieder ihr sexy Kleid tragen wolle. Zusätzlich deutete sie an, was James selbst davon hätte, wenn er ihr »Dilemma« löst und sie mal wieder ausführt (er würde sich mit einer höchst attraktiven Frau am Arm wie ein bewunderter Star vorkommen). Anschließend hat sie taktisch klug geschwiegen, ihm Zeit gelassen und die Gelegenheit gegeben, sich selbst eine Lösung zu überlegen, damit er diese als seinen eigenen brillanten Einfall betrachten konnte.

Motivieren Sie ihn mit nonverbaler Kommunikation

Heidi hat, als sie ihren Wunsch vorbrachte, auch nonverbal kommuniziert. Sie hat James mit ihrem Lächeln signalisiert, dass sie nicht ärgerlich ist. Damit hat sie eine liebevolle Atmosphäre geschaffen, in der sich beide positiv aufeinander beziehen konnten. Außerdem hat sie ihm mit einer liebevollen Berührung deutlich gemacht, dass sie weder nörgeln noch schimpfen oder ihn dafür bestrafen würde, weil er ihren Wunsch nicht von sich aus erfüllt hat. Mit nonverbalen Mitteln hat sie ihrem Mann ihr Anliegen so positiv nahegebracht, dass er etwas damit anfangen konnte.

Auf den Vorschlag von James reagierte sie sofort mit ausdrücklichem Dank und gab somit seinem Selbstwertgefühl »Streicheleinheiten« für die tolle Idee, sie in ein schickes Restaurant auszuführen. Diese positive Verstärkung hat todsicher dafür gesorgt, dass er künftig für sie öfter »der Gute« sein möchte.

Achten Sie auf ein sanfteres Auftreten

Da Männer das natürliche Bedürfnis verspüren, als gut und stark dazustehen, fühlen sie sich angegriffen und sozusagen entmannt, wenn man an ihnen herumnörgelt.

Vermeiden Sie deswegen grundsätzlich aggressives Auftreten, sondern bringen Sie Ihr Anliegen stets mit netten, kleinen Einleitungen vor, zum Beispiel: »Ach, Schatz« oder »Mein Liebster«, um Ihre Forderung abzumildern. Damit signalisieren Sie, dass Sie Ihren armen Mann nicht anzugreifen gedenken. Haben Sie ruhig etwas mehr Mut zur Sanftheit, zum Nett- oder Freundlichsein, dann fasst auch Ihr Mann den Mut, aus sich herauszugehen und Ihnen Gutes zu tun. Und das aus einem einfachen Grund: weil er keine Angst haben muss, heruntergeputzt zu werden.

Seien Sie geduldig

Wenn Sie gerade erst angefangen haben, sich in der Methode zu üben, sollten Sie nicht erwarten, dass sich sofort etwas ändert. Schließlich müssen Sie sich beide erst an diese neue Art, miteinander umzugehen, Probleme zu lösen und sich gegenseitig wertzuschätzen, gewöhnen. Haben Sie also Geduld, es lohnt sich. Bringen Sie Ihre Wünsche, Bedürfnisse, Anliegen immer wieder sanft und liebevoll zur Sprache, bis Ihr Mann irgendwann die Initiative ergreift, um Ihnen einen Wunsch zu erfüllen. Halleluja!

Seien Sie nicht niedergeschlagen, wenn Ihr Mann anfangs Ihren Bemerkungen, Vorschlägen oder Bitten ablehnend gegenübersteht. Er mag sie ignorieren oder auch mal zurückweisen, aber dieses Verhalten ist ein Teil des Lernprozesses. Ihr Ziel besteht darin, ihn dazu zu bringen, dass er für Ihre Anliegen freiwillig und von selbst nach einer Lösung sucht. Dass dies erstrebenswert ist, muss er erst lernen. Bleiben Sie also dran, und bringen Sie ihm immer wieder sanft und ohne jeden Druck Ihre Wünsche nahe, nicht ohne dabei seinen eigenen Vorteil zu betonen.

Warten Sie ab, und haben Sie etwas Geduld. Irgendwann wird die Saat aufgehen, und er wird von selbst mit einer Idee auf Sie zukommen, um Ihnen einen Wunsch zu erfüllen. Danken Sie ihm dann, und sparen Sie nicht mit Beweisen für Ihre Zuneigung und Wertschätzung. Sie werden sehen, wie Ihr positives Verhalten den Lernprozess verstärkt.

Bedenken Sie dabei stets, dass Männer keine Gedankenleser sind. Manche Männer verstehen sich darauf, die richtigen Fragen zu stellen, um herauszufinden, wie sie Ihnen einen Gefallen tun können, die meisten aber haben das nie gelernt. Genau hier setzen Sie nun an und geben dem Mann die richtigen Informationen, die er allerdings erst verarbeiten muss. Dieser Prozess dauert seine Zeit, daher gilt: Bleiben Sie dran.

Reklamieren Sie niemals die Urheberschaft für sich

Selbst wenn Ihr Mann am Ende eine Idee an Sie heranträgt, die exakt Ihrem eigenen Vorschlag entspricht, weisen Sie ihn nicht darauf hin. Niemals. Es ist sehr wichtig für ihn, dass Sie ihn in dem Glauben lassen, das alles sei allein sein Verdienst.

Wie bitte?, werden Sie jetzt vermutlich sagen, da habe ich eine tolle Idee und soll so tun, als wäre es seine gewesen? Genau das. Schließlich ist es ein relativ geringer Preis dafür, dass Sie am Ende von ihm genau das bekommen, was Sie sich wünschen. Wenn Ihr Mann mit einem nigelnagelneuen Volvo für die Familie nach Hause kommt, dann verkneifen Sie sich um Himmels willen einen Kommentar wie: »Na, hast du endlich den Wagen gekauft, mit dem ich dir schon seit drei Jahren in den Ohren liege?« Mit solchen herabwürdigenden Bemerkungen, die nichts anderes besagen als »Das habe ich doch gleich gesagt«, erreichen Sie nur eines: Sie frustrieren Ihren Mann.

Lächeln Sie stattdessen still in sich hinein. Wenn Sie es unbedingt loswerden müssen, dann erzählen Sie Ihren Freundinnen bei nächster Gelegenheit Ihre Geschichte, aber denken Sie daran, Ihrem Mann gegenüber den Mund zu halten. Freuen Sie sich lieber darüber, dass er letzten Endes zum gleichen Entschluss gekommen ist wie Sie.

Achtung: Wie ein Mann sich ein Gespräch vorstellt

Unser Freund Scott Solder, Co-Autor eines unserer Bücher, hat uns einst einen sehr nützlichen Hinweis gegeben, wie frau ein Gespräch mit einem Mann beginnen sollte. Laut ihm sollte sich die Frau auf die jeweilige Gefühlslage des Mannes einstimmen, bevor sie ein Anliegen äußert. Sie kann sich dabei sogar seiner Haltung oder seinem Tonfall anpassen. Wenn er gut gelaunt und glücklich ist, kann sie ihn laut und fröhlich ansprechen. Wenn er still und lustlos wirkt, sollte sie sich ihm eher ruhig und zurückhaltend nähern. Scott meinte dazu: »Es funktioniert viel besser, wenn man ein Gespräch auf diese Weise eröffnet, als wenn man den anderen wie aus heiterem Himmel mit etwas überfällt, vor allem, wenn beide nicht in der gleichen Stimmung sind.«

Die Zehn Gebote
der erfolgreichen Kommunikation

Wir haben Ihnen eine Liste der wichtigsten Verhaltensregeln zusammengestellt, die Sie beherzigen sollten, wenn Sie erfolgreich mit Ihrem Mann kommunizieren wollen. Betrachten Sie diese Liste als eine Art Spickzettel für alle Fälle, wenn Sie merken, dass Sie aus der Rolle zu fallen drohen.

1. **Du sollst deinen Mann nicht mit Liebesentzug strafen.** Sie sollten Ihrem Mann weder Sex noch sonstige Beweise Ihrer Zuneigung vorenthalten und ihn auch nicht mit Schweigen, bösen Blicken und schnippischen Bemerkungen bestrafen. Sie täuschen sich nämlich gewaltig, wenn Sie glauben, dass Sie ihn mit einem solchen Verhalten dazu bringen, Ihre Wünsche zu erfüllen. Im Gegenteil: Er wird sich gereizt zurückziehen und mit der Zeit immer ungefälliger werden.

2. **Du sollst deinen Mann nicht für unwichtige, gedankenlose Verhaltensweisen strafen.** Loben oder belohnen Sie alles, was Ihr Mann gut macht, und veranstalten Sie keinen Wirbel um kleine Unzulänglichkeiten. Statt sich darüber aufzuregen, dass er seine schmutzigen Socken auf dem Boden liegen lässt, werfen Sie sie einfach kommentarlos in den Wäschekorb, und konzentrieren Sie sich auf die wesentlichen Dinge.

3. **Du sollst deinen Mann nicht mit deinen Leistungen beeindrucken.** Ein Mann verliebt sich in aller Regel in die Seele und das Wesen einer Frau, nicht in ihre Fähigkeit, Berge zu erklimmen oder Karriereleitern hinaufzuklettern. Langweilen Sie ihn nicht mit einer Aufzählung Ihrer vollbrachten Leistungen. Schließlich wollen Sie eine Liebesbeziehung und keine Karriere.

4. **Du sollst schweigen und ihn machen lassen.** Ihr Mann braucht womöglich einen Augenblick – oder auch ein paar Stunden – Zeit, um in Ruhe nachzudenken und dann selbst mit einem Vorschlag auf Sie zuzukommen, wie er Ihnen einen Gefallen tun kann. Lassen Sie ihm diese Zeit, statt ihn mit vermeintlich hilfreichen Vorschlägen dabei zu stören.

5. **Du sollst nie einen Orgasmus vortäuschen.** Wenn Sie beim Sex so tun als ob, führt das nur dazu, dass er sich fälschlicherweise für einen Casanova hält und Sie dabei unbefriedigt bleiben. Davon hat am Ende niemand etwas.

6. **Du sollst einen Mann oder deine Beziehung zu einem Mann nie über deine Sicherheit stellen.** Ihre Sicherheit steht grundsätzlich an erster Stelle, daher sollten Sie niemals irgendwelchen Missbrauch dulden, in welcher Form auch immer.

7. **Du sollst vor anderen nicht über deinen Mann klagen, schlecht reden oder lästern.** Reden Sie vor anderen Menschen ruhig schlecht über Ihren Mann, wenn Sie wollen, dass Ihre Beziehung in die Brüche geht. Ansonsten sollten Sie, sofern Sie Unterstützung brauchen, nur mit vertrauenswürdigen Personen über intime Details sprechen.

8. **Du sollst an deinem Mann nicht herumnörgeln.** Nörgeln steht im absoluten Gegensatz zur Methode und rächt sich grundsätzlich.

9. **Du sollst deinen Mann mit Respekt und Wertschätzung (und mit einem Schweinebraten) belohnen, wenn er etwas gut macht.** Eine Belohnung, über die sich Ihr Mann wirklich freut, zeigt ihm am besten, dass er bei seinem Versuch, Ihnen einen Gefallen zu tun, ins Schwarze getroffen hat.

10. **Du sollst nicht versuchen, einen Mann zu ändern.** Lieben Sie ihn stattdessen so, wie er ist, und wenden Sie unsere Methode an, um seine besten Seiten zum Vorschein zu bringen.

Die Mantras des Erfolgs

Vielleicht empfinden Sie diese neue Art der
Kommunikation anfangs als künstlich,
aber keine Angst, sie wird Ihnen bald zur zweiten
Natur werden.

Kombinieren Sie Bitten, Bemerkungen und
Komplimente so, wie es Ihnen sinnvoll erscheint.

Welche Variante Sie auch wählen, das Ziel
ist immer das gleiche: Sie wollen Ihren Mann
dazu bewegen, etwas für Sie zu tun oder
in Ordnung zu bringen, indem Sie seine
natürliche Neigung ansprechen, Ihnen zu gefallen
und sich als Ihr Held zu präsentieren.

Vergessen Sie danach nicht, seine Hilfe
entsprechend zu würdigen.

Zehn Fehler im Umgang miteinander, die Sie die wahre Liebe (und Ihr Wohlergehen) kosten können

---

»Frauen haben einen wunderbaren Instinkt
für gewisse Dinge. Sie erkennen
alles, nur nicht das Offensichtliche.«

Oscar Wilde

»Das Offensichtliche ist immer relativ.«

Donna und Sam

»Ich bin mir da gar nicht so sicher ...«

Packen wir den Stier gleich bei den Hörnern, indem wir Ihre Befürchtungen und Zweifel an der Richtigkeit der Methode thematisieren. Haben Sie das Gefühl, Sie sollten Ihre Art der Kommunikation mit einem Mann beibehalten? Finden Sie, er sollte auf Ihre Wünsche eingehen, wie auch immer Sie sich ausdrücken? Sind Sie der Meinung, Sie hätten das Recht, Ihrem Mann gegenüber Ihre Vorstellungen mit Bestimmtheit zu vertreten? Gleichberechtigung und Frauenpower und so weiter? Sie sehen nicht ein, warum Sie in manchen Situationen den Mund halten, ihm alles allein überlassen, sein Ego streicheln und dann auch noch hoffnungsvoll abwarten sollen, ob er tut, was Sie wollen?

Sie sollten es trotzdem tun. Und zwar deshalb, weil es Sie in Ihrer Liebesbeziehung weiterbringt und weil Sie am Ende genau das bekommen, was Sie sich wünschen. Während die klassischen Streitereien darüber, wer Recht hat und wer nicht, wer mehr leistet und wer weniger, in einer Art Kriegszustand enden, müssen Sie in der Lage sein, die Sache anders anzugehen. Leider ist diese wirkungsvolle Kommunikation zwischen Mann und Frau von damals im Zeitalter der modernen und oftmals verwirrenden technischen und sozialen Entwicklungen weitgehend verloren gegangen. Wir haben nun die Absicht, sie wieder zurückzuholen.

Die meisten Menschen denken in dem Schema Entweder-Oder. Eine Frau mag glauben, dass sie entweder eine glückliche Liebesbeziehung führen oder aber eine Karrierefrau werden kann, die dann leider keine Zeit mehr für einen Partner hat. Sie dagegen sollten sich stattdessen die »Ja-und«-Mentalität zulegen. Sie sagen: »Ja, ich arbeite an meinem beruflichen Erfolg, *und* ich habe eine erfüllende Liebesbeziehung, die mich stark macht und im Herzen jung hält.«

Es gibt noch so manche falschen Vorstellungen und Fehlurteile, die wir an dieser Stelle entkräften wollen:

Fehlurteil Nr. 1:
»Die Methode bei meinem Mann anzuwenden, bedeutet, ihn zu ändern.«

Leider kommt es ziemlich häufig vor, dass Frauen eine Beziehung mit einem Mann eingehen und meinen, sie könnten ihn nach ihren Wünschen formen, statt ihn so zu lieben, wie er ist. »Frauen behandeln Männer wie ein Hündchen, das dressiert werden muss«, erklärte uns ein Mann auf Nachfrage. Verehrte Damen, wenn Sie Ihren Mann vergraulen wollen, dann machen Sie nur weiter mit Zuckerbrot und Peitsche. Wir empfehlen es nicht.

Manche Frauen entscheiden sich auch, die Peitsche wegzulassen und es ausschließlich mit einer gehörigen Dosis femininer Ausstrahlung und weiblicher Kommunikation zu versuchen. Wenn diese Frauen unsere Ratschläge befolgen und ihr Mann daraufhin sein Verhalten ändert, geben sie sich dem Trugschluss hin, dass sie ihn in ihren Bann gezogen und ihn wie durch Zauberkraft aus einem ungefälligen in einen brauchbaren Mann verwandelt hätten. Das aber ist nicht die Wahrheit, wir betonen es nochmals: *Sie werden einen Mann nicht umkrempeln können.*

Das nicht, aber er wird sich ganz von selbst ändern, wenn er, durch Ihre verständnisvolle Art und Ihr Verhalten angeregt, zu dem Entschluss kommt, Sie um jeden Preis behalten und glücklich machen zu wollen. Dies gelingt, wenn er Ihre sanft vorgebrachten Anliegen als Information versteht, wie er das anstellen kann. Aus diesem Grunde wirken Sie lieber ruhig, selbstbeherrscht und cool, niemals zänkisch.

Fehlurteil Nr. 2:
»Wenn ich meinem Mann nicht auf die Nerven gehe, tut er nie was.«

Sollten Sie noch immer davon überzeugt sein, dass Sie mit Schimpfen und Nörgeln weiterkommen, dann können die Männer, die im Folgenden zu Wort kommen, Sie vom Gegenteil überzeugen.

In unseren Gesprächsrunden über die Methode bekommen wir von Männern stets das Gleiche zu hören: Es ist für sie überhaupt kein Problem, wenn ihre Frauen nicht wie Heidi Klum aussehen, wenn mal der Toast schwarz wird oder sie nicht allzu oft zu Oralsex bereit sind. Auch hat sich noch nie einer darüber beschwert, dass seine Partnerin einen zu dicken Hintern hätte oder die Kleider vom letzten Jahr auftrage. Nein, die Standardantwort auf die Frage, was Männer an Frauen stört, lautet: die ständige Nörgelei. »Wenn meine Partnerin nur endlich aufhören würde, dauernd an mir herumzumeckern, dann müsste ich mir nicht immer die Ohren zuhalten. Dann würde ich vielleicht auch mal das tun, was sie möchte!«, stellen sie hilflos, frustriert und resigniert fest.

Ständiges Nörgeln erweckt in Ihrem Mann den Eindruck, dass Sie nie zufriedenzustellen sind und er es Ihnen nie recht machen kann. Also resigniert er und gibt Sie und die Beziehung irgendwann auf.

Klingt das nicht einleuchtend? Also, hören Sie endlich auf mit dem Gezeter, und fangen Sie an, alles zum Besseren zu wenden.

Fehlurteil Nr. 3:
»Handelt es sich bei der Methode
nicht um Manipulation?«

Es liegt viel Weisheit in dem Sprichwort »Früh übt sich, wer ein Meister werden will«. Natürlich müssen Sie diese neue Art der Kommunikation mit Ihrem Mann erst üben, denn Ihre spontanen Reaktionen sind nun mal nicht immer die richtigen, vor allem in der Hitze des Gefechts. Das heißt, Sie müssen Ihre Antworten oder vielmehr Ihr gesamtes Verhalten kontrollieren und gezielt steuern wie ein Schauspieler auf der Bühne, weshalb Sie anfangs das Gefühl haben können, als würden Sie nur so tun, als ob. Sie werden aber sehr schnell merken, dass es nicht nur für Ihren Mann, sondern auch für Sie selbst viel angenehmer ist, wenn Sie nicht mehr an ihm herumnörgeln, da Sie beide den Weg zu einem liebevollen Umgang beschritten haben. Man kann durchaus den Entschluss fassen, sein Verhalten zum Guten hin zu verändern, ohne dass dies Schauspielerei wäre.

Achtung! Versuchen Sie nicht zu manipulieren!

Mit der Methode manipulieren Sie grundsätzlich nicht. Vielmehr regen Sie den Mann an Ihrer Seite an, verstärkt das zu tun, was in ihm steckt: sich Lösungen für Probleme zu überlegen, sich zu kümmern, großzügig zu sein und so seine Liebe zu beweisen.

Nehmen wir zum Beispiel die Überfliegerin Sarah (29). Im Job ist sie gnadenlos: Als Chefin eines Vertriebsteams hat sie sich den Ruf einer rücksichtslosen Kämpferin erworben und macht vor nichts Halt, um ihre Verkaufszahlen zu optimieren. Sobald sie aber ihre Wohnung betritt, wird sie zu einer vollkommen anderen Frau. »Ich genieße es sehr, meinen Mann schalten und walten zu lassen«, erklärt sie. »Das ist wie Urlaub. Ich habe dann nicht mehr das Gefühl, mich um alles selbst kümmern zu müssen. Das macht das Leben leichter.« Natürlich weiß ihr Mann manchmal nicht weiter und fragt trotzdem nicht um Rat. Und zugegeben, seine Kochkunst ist eher durchschnittlich, aber er steht für sein Leben gern am Herd. Also macht sie ihm fröhlich Komplimente über seine Kreationen und genießt es, dass er sie versorgt und sich um vieles kümmert, wodurch sie sich entspannen kann.

Finden Sie also heraus, was Ihr Mann gern tut, und lassen Sie es ihn tun (auch wenn er darin kein Meister ist). Es ist wichtig, ihm Freiräume zu schenken und bei Dingen, die er gern tut, die Führung zu überlassen, denn nur so kann er sich in seiner Haut wohl fühlen. Sehen Sie darüber hinweg, wenn die Resultate nicht perfekt sind, danken Sie ihm, und loben Sie ihn dafür, dass er die Initiative ergreift und Ihnen etwas Gutes tut.

Es ist übrigens durchaus in Ordnung, wenn Sie zwei Seiten an sich entwickeln: die starke Frau, die weiß, wo es langgeht, und die entspannte, liebevolle Frau, die sich verwöhnen lässt. Es kommt eben immer auf die Umstände an.

Fehlurteil Nr. 4:
»Ich kann unmöglich Feministin sein und die Methode anwenden.«

Wir werden oft gefragt, ob die Methode nicht in Gegensatz zum Feminismus steht. Unsere Antwort lautet definitiv: nein! Wir sind beide überzeugte Feministinnen und gleichzeitig überzeugte Anwenderinnen der Methode. Das Problem liegt unserer Meinung nach darin, dass der Feminismus den Frauen zwar viel gebracht hat – am Arbeitsplatz, in der Politik, beim Sex –, aber auch für einige Verwirrung in der Beziehung zwischen den Geschlechtern gesorgt hat. Frauen, die dank der Gleichberechtigung Karriere machen konnten, glaubten lange Zeit, dass sie auch in einer Liebesbeziehung die Ellbogen einsetzen müssten und dass ebenjene Haltung, die ihnen eine Beförderung einträgt, ihnen auch einen liebenden, hingebungsvollen Ehemann beschert.

Wer könnte uns das übelnehmen? Schließlich sind selbst Beratungsfachleute in diese Falle getappt und haben uns in Büchern und Artikeln gepredigt: »Frauen, denkt wie ein Mann!«, »Handelt wie ein Mann!«, »Tretet maskuliner auf!«, »Setzt euch durch!«, »Wer nett ist, kommt als Letzte ins Ziel!« Es hieß, wenn wir uns nur maskuliner verhielten – die Männer herausforderten, die Hosen anhätten, nach Lust und Laune mit jedem ins Bett gingen –, dann würde uns das ans Ziel unserer Wünsche bringen.

Eine Zeit lang hat das alles mehr oder weniger gut funktioniert, es war eben etwas Neues. Nach einer Weile aber lief alles aus dem Ruder. Die Männer begannen, Frauen zu benutzen – zum Sex oder auch für ein Gratis-Abendessen. Und den Frauen, die dachten, sie könnten es in ihrem Sexualverhalten den Männern gleichtun, stellte ihr weiblicher Verstand ein Bein. Es ist nun mal so, dass wir Frauen, wenn wir mit einem Mann ins Bett gehen, ein Hormon namens Oxytocin ausschütten, das dafür sorgt, dass wir uns zumindest ein bisschen in ihn verlieben, auch wenn wir ihn gerade erst kennen gelernt haben. Wenn Sie Sex wie ein Mann haben wollen – und gegen ein kleines Abenteuer ist nichts zu sagen, solange Sie sich über Ihre Absichten klar sind –, dann nur zu! Wenn Sie aber eine dauerhafte Beziehung mit einem Mann führen und nicht nur sein jederzeit verfügbarer Spielball sein wollen, dann sollten Sie darauf achten, nicht durch maskulines Auftreten eine Art Mann-gegen-Mann-Konkurrenz herauszufordern. Vielmehr sollten Sie versuchen, dank weiblicher Kommunikation eine Partnerin für ihn zu werden, die ihn als seine »bessere Hälfte« ergänzt und seinen Beschützerinstinkt weckt. Eine erfolgreiche Liebesbeziehung können Sie nur aufbauen, indem Sie in der Kennenlernphase wechselseitig Ihre Unterschiede respektieren und akzeptieren.

Sich in der Beziehung gegenseitig ergänzen

Die besten Liebesbeziehungen sind jene, in denen keiner der Partner vom anderen verlangt, sich anzugleichen oder ähnlich zu fühlen, in denen ein jeder den anderen ergänzt, in denen sich die jeweiligen Schwächen und Stärken ausgleichen und in denen jeder die Freiheit hat, ganz er selbst zu sein.

In einer guten Liebesbeziehung kann Gleichberechtigung nur bedeuten, dass beide Partner Liebe, Respekt und Glück finden, und zwar jeder auf seine Weise. Dies ist der Schlüssel zu einer jeden erfüllenden Partnerschaft. Die Methode unterstützt Sie dabei, Ihre angeborene Weiblichkeit einzusetzen, um dieses Ziel zu erreichen. Nur so sind Sie in Ihrer Beziehung ebenso glücklich und entspannt wie Ihr Partner.

Fehlurteil Nr. 5: »Mit der Methode werde ich zur Jasagerin.«

Auf gar keinen Fall! Eine Jasagerin stellt ihren Mann und dessen Bedürfnisse über ihr eigenes Wohlergehen und opfert alle ihre Träume für eine Beziehung, die nur als ungut bezeichnet werden kann. Jasagerinnen nehmen sich und ihre eigenen Interessen zurück, nur um den Mann zu bekommen, der ihnen eines Tages den heißersehnten Ring an den Finger steckt. Solche Frauen gehen nicht mehr aus dem Haus, um seinen Anruf nicht zu verpassen, und geraten schier aus dem Häuschen, wenn er dann um zehn Uhr abends eine SMS schreibt: »Hallo, wie geht's?«. Jasagerinnen wagen auch nicht zu protestieren, wenn er etwas tut, das ihnen unangenehm ist, wie zum Beispiel mit ihren Freundinnen flirten.

Sie dagegen aktivieren Ihre weiblichen Kräfte. Sie haben gelernt, wie Männer denken, und Sie setzen dieses Wissen ein, um Ihrem Gegenüber die richtigen Signale zu übermitteln. Bei dieser Vorgehensweise kann sich in Ihnen keinerlei Ärger aufstauen, während Jasagerinnen immer wieder Wut und Enttäuschung herunterschlucken müssen. Sie sind im Übrigen diejenigen, die innerlich Versäumnis-Strichlisten führen.

Fehlurteil Nr. 6:
»Ich muss einen Mann mit guten Leistungen beeindrucken, damit er sich in mich verliebt.«

Haben Sie schon mal beobachtet, wie eine Frau bei einer Verabredung in einem Restaurant mit aller Gewalt versucht, auf den Mann Eindruck zu machen, und er nur mühsam ein Gähnen unterdrücken kann? Wir haben das nur allzu oft miterlebt: Frauen, die sich bei einem Date ausführlich ihrer überragenden Fähigkeiten rühmen, mit nicht zu überbietenden politischen Kenntnissen punkten wollen, ebenso mit Heldentaten der Tapferkeit, mit Fachsimpelei über die Weinliste und mit Berichten von Reisen in die fernsten Winkel dieser Erde.

Mal im Ernst, meine Damen, warum wollen Sie um jeden Preis einen Mann übertrumpfen, der sich nichts sehnlicher wünscht, als Ihre Bewunderung und Ihr Herz mit seinen eigenen Ruhmestaten zu gewinnen? Sicherlich haben Sie fantastische Geschichten zu erzählen, mit denen Sie gerne Ihre Twitter-Abonnenten vor Neid erblassen lassen können. Aber eine erste Verabredung ist ganz sicher nicht die geeignete Gelegenheit dafür. Ihre Abenteuer- und Erfolgsgeschichten werden in einem Mann keine Zuneigung zu Ihnen wecken, denn Männer verlieben sich nicht in den Erfolg einer Frau, sondern in ihre inneren Qualitäten wie zum Beispiel ein humorvolles, verständnisvolles Wesen. Wenn Sie sich damit brüsten, wie oft Sie schon an einem Riff mit menschenfressenden Haien nach Perlen getaucht haben, fühlt er sich eher entmannt.

Sollten Sie also mit einem Mann ausgehen und sich dabei ertappen, dass Sie Sätze sagen wie:

»Dann habe ich den Kilimandscharo bestiegen, das war nach meinem freiwilligen Jahr in einem Waisenhaus in Afrika, wo ich einen Baby-Wal gerettet habe. Und wissen Sie, was ich dabei gelernt habe? Die Politiker in Simbabwe sind genauso korrupt wie …«

oder:

»Ich spreche drei Sprachen und war schon in einundzwanzig Ländern. Ach ja, ich könnte auf Portugiesisch, Italienisch oder Französisch für uns bestellen. Was wäre Ihnen lieber?«

oder gar:

»Ach, wissen Sie, ich dachte, Harvard wäre viel anspruchsvoller ...«

Dann machen Sie den Mund am besten ganz schnell wieder zu, selbst wenn Sie mitten im Satz abbrechen müssen. Lächeln Sie stattdessen, und stellen Sie ihm eine Frage, am besten eine persönliche. Auf diese Weise können Sie vielleicht gerade noch verhindern, dass Ihr Date in einen Wettstreit darüber ausartet, wer von Ihnen am weitesten spucken kann. Denn wenn es erst dazu kommt, meine Damen, dann haben Sie ganz sicher verloren. Vielleicht nicht den Wettbewerb, aber auf jeden Fall den Mann.

Einen Mann übertrumpfen: Wenn Sie als Frau einen Mann mit einer Litanei über Ihre überragenden Erfolge übertrumpfen und hoffen, dass er Sie dafür bewundert und sich in Sie verliebt, dann irren Sie sich, denn diese Methode funktioniert nicht. Vielmehr wird er eher jeden Versuch aufgeben, Sie seinerseits beeindrucken zu wollen, denn Sie haben ihm vorschnell den Wind aus den Segeln genommen.

Indem Sie ihm nämlich den Wind aus den Segeln nehmen, während er vielleicht gerade versuchen wollte, Sie zu beeindrucken, bewirken Sie, dass er sich wie ein Nichtsnutz vorkommt und das Gefühl hat, er könnte Sie mit gar nichts beeindrucken, weil Sie ihm in allem überlegen sind. Und wenn er Ihnen nichts entgegenzusetzen hat, dann bleibt ihm nur der Rückzug.

Wenn Sie einen Mann mögen und möchten, dass er sich Ihnen gegenüber wie ein ganzer Mann fühlt, dann tun Sie ihm und sich selbst den Gefallen, sich vor allem auf ihn zu konzentrieren, um ihn nach und nach besser kennen zu lernen. Vertrauen Sie ihm dazwischen nur häppchenweise etwas von Ihrer eigenen Geschichte an, ohne ihn gleich mit zu vielen Fakten zu bombardieren. Warten Sie lieber, bis er von selbst Fragen stellt, wie zum Beispiel: »Was haben Sie denn studiert?« Sie sollten übrigens auch dann eine bescheidene Antwort geben, wenn Sie eine Superkarriere gemacht haben. Betonen Sie weder Ihre Erfolge noch die Leistungen, die Sie vollbringen, sondern verleihen Sie Ihrer Darstellung lieber eine menschliche Note, indem Sie die Betonung auf eine unterhaltsame oder interessante Anekdote legen. Wenn er Sie erst näher kennt, wird er schon noch alles über Ihre Ruhmestaten erfahren.

Wollen Sie trotzdem von Ihren Erfolgen erzählen, dann kleiden Sie diese möglichst in Gefühle ein oder machen gezielt Bemerkungen, die das Pathos einer Heldentat neutralisieren:

- »Ich bin so begeistert von ...«
- »Ich bin wirklich froh, dass ...«
- »Ich habe großes Glück gehabt, dass ...«
- »Es ist mir wie ein Wunder vorgekommen, als ...«
- »Wissen Sie, was ich dabei am interessantesten finde ...«

Damit verhindern Sie, dass er Sie als eine Überfliegerin wahrnimmt, die in ihrem Leben gar keinen Platz für einen Mann hat.

Fehlurteil Nr. 7:
»Irgendwo da draußen gibt es den perfekten Mann für mich.«

Haben Sie auch schon mal gehört, wie eine Frau sich über die folgenden Dinge beschwert hat?

»Er ist nicht romantisch genug« (wenn sie von ihm etwas völlig Absurdes als Beweis seiner Liebe verlangt), »Er kümmert sich nicht um meine Bedürfnisse« (wenn sie von ihm erwartet, Gedanken lesen zu können, um ihre Wünsche zu erraten), »Er ruft nie dann an, wann er es versprochen hat« (wenn sie nicht erkennt, dass Männer einen anderen Sinn für Zeit haben), und am häufigsten: »Er versteht mich einfach nicht!« (wenn sie wieder mal von ihm erwartet, ihre innersten, *unausgesprochenen* Wünsche und Bedürfnisse zu erfüllen).

Jetzt mal im Ernst, meine Damen, sind das Dinge, an denen eine Beziehung scheitern muss? Wir denken: ganz bestimmt nicht.

Oft verscheuchen Frauen einen Mann vorschnell, weil sein Verhalten an ihre seltsamen Vorstellungen einfach nicht herankommt (oder weil er einer unsinnigen Checkliste, die Frauen für Männer und ihre Eigenschaften so gerne erstellen, nicht entspricht).

Ebenso oft trennt sich eine Frau von einem vermeintlich unvollkommenen Mann und vertraut darauf, dass sie den vermeintlich perfekten Mann schon noch kennen lernen wird. Nur um nach der ersten Verliebtheit allzu schnell festzustellen, dass sie mit ihm die gleichen Probleme hat wie zuvor, und das Spiel beginnt von neuem. Nach einigen vergleichbaren Erfahrungen ist sie völlig entmutigt. »Die Männer sind doch alle gleich«, denkt sie dann, oder: »Liegt es vielleicht an mir?« Dabei ist der Grund, dass ihr die Männer davonrennen, gewiss nicht ihr Aussehen oder ihr Gewicht oder sonst ein äußerlicher Faktor, sondern einzig und allein die Tatsache, dass sie sich nicht mit einem normalen Mann zufriedengibt, der zu ihr passt. Stattdessen hält sie immerzu nach Mr Perfect Ausschau – der aber ist eine Fantasiegestalt, die man besser in Märchen oder in den Folgen von *Sex and the City* belässt.

Vergessen Sie die Vorstellung vom perfekten Mann. Nichts und niemand ist perfekt, und nicht wenige Ehen, die nach außen perfekt schienen, sind in die Brüche gegangen. Selbst wenn man von zwei Menschen behauptet, sie seien das perfekte Paar, dann ist eigentlich gemeint, dass die beiden gut zueinander passen oder sich ergänzen. Ein jeder kennt solche Paare, zum Beispiel sie sehr mädchenhaft und er ein extrem männlicher Typ oder er Ingenieur und sie Freigeist und Künstlerin. In diesen Beziehungen ist bei aller Verschiedenheit das, was die beiden Menschen gemeinsam haben, stärker als die Differenzen. Solche Paare genießen es, sich gegenseitig zu ergänzen, und akzeptieren die Schwächen des anderen.

Die Methode soll Sie daher keineswegs dazu anleiten, aus Ihrem Partner den perfekten Mann zu machen, damit Sie sich besser fühlen. Es wird immer etwas geben, was Sie an Ihrem Partner stört, und umgekehrt. Aber auch wenn keiner von Ihnen perfekt ist, so können Sie doch füreinander geschaffen sein, sofern Sie lernen, richtig miteinander zu kommunizieren. Genau hier entfaltet die Methode ihren Zauber. Und auf einmal wirkt nicht mehr das Gras auf der anderen Seite des Zaunes grüner, sondern das auf der eigenen.

Fehlurteil Nr. 8:
»Bei unreifen Männern kann selbst die Methode nichts bewirken.«

Doch, das kann sie. Und warum? Weil sie ihn dazu anregt, ein erwachsener Mann zu werden, der Probleme löst und die Führung übernimmt – beides Eigenschaften, nach denen sich jeder noch so unreife Mann sehnt und die aus ihm einen verantwortungsvollen Menschen machen. Genau diese

Sehnsucht sprechen Sie auch in einem unreifen Mann an, wenn Sie ihm Ihre Wünsche, Ihre geheimsten Sehnsüchte und Ihre Bedürfnisse buchstäblich ins Ohr flüstern. Solange Sie ihm jedoch alles abnehmen und jedes Problem selbst lösen, wird er nie erwachsen. Warum sollte er auch? Wenn sich der Haushalt wie von selbst erledigt, warum sollte er dann Hand anlegen?

Wenn Sie sich dagegen nicht mehr um alles kümmern, alles selbst entscheiden und planen, dann geben Sie ihm die Möglichkeit, ein erwachsener Mann zu werden und sich selbst um Lösungen zu bemühen. Gleichzeitig senden Sie damit die Botschaft aus, dass Sie kindisches und unzuverlässiges Benehmen nicht akzeptieren. Bringen Sie ihn also auf den Gedanken, dass er die Lage und damit die Dinge unter Kontrolle haben könnte, und lassen Sie ihm etwas Zeit, um sich der neuen Aufgabe zu stellen.

Natürlich dürfen Sie nicht vergessen, seine Bemühungen gebührend zu würdigen, denn das bestärkt ihn in dem Wunsch, mehr für Sie zu tun.

> **Ein erwachsener Mann** ist ein Mann, der gelernt hat, dass seine Umwelt nicht dafür da ist, sich um ihn zu kümmern, sondern dass er auch mal selbst aktiv werden und etwas für andere tun muss. Außerdem ist er großzügig mit seiner Zeit, seiner Zuneigung und allem, was er hat.

Fehlurteil Nr. 9:
»Die Methode funktioniert
nur in Liebesbeziehungen.«

Das stimmt so nicht. Sie können unsere Methode im Grunde bei jedem Mann anwenden, ob es nun Ihr Chef, Ihr Kollege oder Ihr Automechaniker ist. Wenn es nicht gerade darum geht, sich im Beruf durchzusetzen, beherrschen die meisten Frauen diese Art der Kommunikation. Statt so zu tun, als wären Sie auf nahezu jedem Gebiet firm und kämen ohne jede Hilfe alleine zurecht, entspannen Sie sich lieber, und geben Sie den Männern, mit denen Sie zu tun haben, die Gelegenheit, sich Ihnen gegenüber ritterlich zu zeigen. Natürlich sollten Sie Ihren Kommunikationsstil dabei den jeweiligen Umständen anpassen, je nachdem, mit wem Sie gerade sprechen: Die Form von nonverbaler Kommunikation, die Sie mit Ihrem Partner pflegen, ist Ihrem Chef gegenüber ganz sicher nicht angebracht. Allerdings können Sie, sofern Sie Bitten, Wünsche und Bemerkungen äußern oder wenn Sie Komplimente machen, die gleichen Prinzipien anwenden, um von Ihrem Chef, Ihrem Kollegen oder sonst einem Mann eine positive Reaktion zu bekommen.

Fehlurteil Nr. 10:
»Die Methode kann eine jede Beziehung
über Nacht ändern.«

Es gibt durchaus einige Dinge, die über Nacht passieren, aber die Fähigkeit, Gewohnheiten zu ändern, gehört nicht dazu. Haben Sie also Geduld mit sich und Ihrem Mann. Es wird immer mal wieder passieren, dass einer von Ihnen in alte Gewohnheiten zurückfällt, aber lassen Sie sich dadurch nicht beirren. Lernen Sie vielmehr aus diesen Ausrutschern, und gehen Sie beim nächsten Mal anders mit einer solchen Situation um. Die neue Art, miteinander umzugehen, ist eine Kunst, die ständig verbessert und verfeinert werden kann.

Vor allem: Verurteilen Sie sich oder Ihren Mann nicht für einen gelegentlichen Ausrutscher. Nehmen Sie sich lieber eine Auszeit, um über Ihre Frustrationen nachzudenken, und kommunizieren Sie weiterhin auf die neue Art.

Fehlurteil Nr. 11:
»Mein Mann wird mir auf
die Schliche kommen und merken,
dass ich die Methode anwende.«

Ihr Mann könnte im schlimmsten Fall darauf kommen, dass es leichter geworden ist, mit Ihnen zu leben, und mehr Spaß macht, mit Ihnen zusammen zu sein. Freuen Sie sich, falls er Ihnen tatsächlich nachspioniert, und selbst wenn er Sie dabei ertappt, dass Sie sich mit unserer Methode befassen (oder Sie mit diesem Buch in der Tasche erwischt), macht das gar nichts. Die Männer, die wir zurate gezogen haben, halten nämlich große Stücke darauf. Sie sehnen sich mehr nach unserer Anerkennung, als wir Frauen glauben, und möchten in unseren Augen wirklich der Gute sein. Deswegen sind sie auch so begeistert, wenn eine Frau mit ihnen anders als sonst kommuniziert. Abgesehen davon tun Sie Ihrem Mann ja nichts an, sondern bemühen sich im Gegenteil darum, Ihren Umgang miteinander zu verbessern, damit Sie beide öfter auf einer Wellenlänge sind. Also keine Sorge: Er wird voll und ganz dafür sein.

Unserer Erfahrung nach haben sich Männer noch nie freudiger und begeisterter auf ein Konzept von Frauen eingelassen. Alle Männer, die wir für unser Buch zurate gezogen haben, nahmen unser Anliegen sofort ernst, machten uns Mut und unterstützten uns. Das Wichtigste für uns war, dass sie uns glaubhaft versicherten, wie sehr ihnen an einem besseren, liebevolleren Umgang in ihren Beziehungen gelegen sei.

Fehlurteil Nr. 12:
»Meistens geht es schneller, wenn ich die Dinge selbst erledige.«

In vielen Situationen (nicht in allen!) sind wir Frauen tatsächlich effizienter als Männer, weil wir ziemlich gut darin sind, mehrere Dinge gleichzeitig zu tun. Aber was soll's? Verzichten Sie ruhig einmal darauf, die Märtyrerin zu spielen, die immer alles selbst erledigen muss, und überlassen Sie manches einfach Ihrem Mann – etwa eine Abendunternehmung zu planen, einen Flug zu buchen, sein Lieblingsessen zu kochen, was er auch möchte. Sie werden sich vielleicht wundern, welche verborgenen Talente da zum Vorschein kommen. Und vor allem: Sie beweisen Ihrem Mann damit, dass Sie ihm vertrauen. Dafür können Sie ruhig einmal in Kauf nehmen, auf das eine oder andere ein wenig warten zu müssen.

Die Mantras
des Erfolgs

Lassen Sie sich nicht durch falsche
Vorstellungen und von Miesmachern vom neu
eingeschlagenen Weg abbringen.
Seien Sie sich bewusst, was Sie sich selbst wert
sind und was Sie von Ihrer Beziehung
erwarten, und halten Sie sich stets an unsere
Prinzipien, denn sie funktionieren – garantiert!

In nur einer Woche erfolgreich – dank intensiver Vorbereitung

»Hinter jedem großen Mann
steht eine Frau
und verdreht die Augen.«

Jim Carrey

»Hinter jedem großen Mann
steht eine großartige Frau,
die ihn um den Finger wickelt.«

Donna und Sam

»Blicken Sie in sich hinein«

Das Schöne an der Methode ist, dass sie nicht nur das Beste im Mann zum Vorschein bringt, sondern auch das Beste in Ihnen. Außerdem werden Sie sich erfüllter, glücklicher und weniger angespannt fühlen als je zuvor.

Um die Früchte Ihrer Bemühungen ernten zu können, sollten Sie das folgende einwöchige Aufwärmtraining unbedingt bis zum Ende absolvieren. So wie Sie vor dem Joggen Dehnübungen machen oder sich vorab für eine Präsentation in Ihrer Firma in ein Thema einarbeiten, müssen Sie sich auch darauf vorbereiten, auf neue Art mit Männern zu kommunizieren. In den folgenden Absätzen erfahren Sie, was Sie dafür tun müssen. Keine Angst, es ist leichter, als Sie glauben.

Tag 1:
Gewinnen Sie Abstand und Objektivität

Der erste Schritt dieses Vorbereitungsprozesses besteht darin, Ihre Beziehung einmal ehrlich und objektiv zu betrachten. Wenn Sie gerade innerlich vor Wut kochen, dann wird es Ihnen schwerfallen, seiner Männlichkeit zu schmeicheln, ihm Komplimente zu machen oder im Bett Begeisterung aufzubringen. Besonders, wenn er – wieder einmal – Ihren Geburtstag vergessen hat (oder sonst etwas getan hat, das Sie auf die Palme bringt).

Am ehesten wird es Ihnen gelingen, den nötigen Abstand zu gewinnen, wenn Sie weggehen. Entfernen Sie sich kurzzeitig physisch, geistig und emotional von Ihrer Beziehung, dann reagieren Sie nicht mehr automatisch auf bestimmte Auslöser und haben auch Ihren Kampf-oder-Flucht-Reflex abgeschaltet. Egal, ob eine Geschäftsreise oder ein Abend, an dem Sie mit Ihren Freundinnen ausgehen, oder auch ein paar Tage bei Ihren Eltern: Nehmen Sie sich eine kleine Auszeit von Ihrem Mann, damit Sie den Kopf einmal richtig frei bekommen und nicht mehr ständig in Alarmbereitschaft sind, um seine nächste Verfehlung in Ihre Strichliste einzutragen.

Versuchen Sie zur Ruhe und zur Besinnung zu kommen, und zwar emotional und rational. Nützen Sie die Auszeit, um sich darüber klar zu werden, wer Sie eigentlich sind, wer Sie sein wollen und was Sie von der Liebesbeziehung zu Ihrem Mann erwarten. Wecken Sie in sich die Bereitschaft, etwas Neues auszuprobieren, um Ihrer Beziehung die Chance zu geben, so zu werden, wie Sie es sich immer gewünscht haben.

FALLSTUDIE: **Theresa**

Theresa (42), Werbemanagerin, gefiel es nicht, wie sich ihre Ehe nach zwölf Jahren entwickelt hatte. Die ständigen Streitereien mit ihrem Mann zermürbten sie, und sie kam sich vor wie eine Drohne, die das trübe graue Leben eines anderen lebt. Wenn sie sich im Spiegel ansah, konnte sie kaum glauben, dass dieses müde Gesicht, das sie anstarrte, ihr eigenes war. Sie hatte das Gefühl, ihr Mann wolle sie ständig kontrollieren, statt ihr Liebe und Aufmerksamkeit zu schenken und sie zu unterstützen. Andauernd wollte er wissen, wohin sie ging und mit wem, wie ihre Arbeit war und warum sie so viel Geld beim Friseur ausgegeben hatte. Bald schlug sie zurück und erklärte ihm, dass ihn das nichts angehe. »Hör auf, mein Leben zu kontrollieren!«, schrie sie dann jedes Mal. Ihr Mann stellte jedoch nur den Fernseher lauter.

Als Theresa eines Tages zum Geburtstagsfest einer Freundin nach Miami eingeladen war, erklärte sie ihrem Mann, dass sie für ein paar Tage lang keinen Kontakt zu ihm haben wolle. Sie müsse wieder einen klaren Kopf bekommen.

Sie packte ihren Bikini, ihren Sarong und ihr Lieblings-Cocktail-Rezept ein und verbrachte das Wochenende mit ihren Freundinnen am Swimmingpool. Die Tage verstrichen, und sie entspannte sich allmählich. Theresa genoss es, mit anderen Menschen zu plaudern, und sie flirtete sogar mit dem Barkeeper. Als das Wochenende vorüber war, wünschte Theresa sich sehr, dieses Vergnügen zu wiederholen ... mit ihrem Mann. Da dämmerte ihr, dass all seine Fragen lediglich ein verzweifelter Versuch waren, an ihrem Leben teilzuhaben – aus dem sie ihn ausgeschlossen hatte, indem sie nur noch abwehrend und reizbar reagierte. So weit war es gekommen.

Als sie zurückkam, bestand ihr Mann darauf, sie vom Flughafen abzuholen. Die Beziehungspause hatte auch an ihm Wunder bewirkt. Er freute sich sehr, seine Frau wiederzusehen, und Theresa bemerkte bei der Begrüßung, dass sie mit viel sanfterer, freundlicherer Stimme und in versöhnlichem Ton sprach, nicht wie sonst gereizt und vorwurfsvoll. Offensichtlich gab es für sie noch eine Chance, ihre Probleme zu lösen. Außerdem schien er ihr nun, da sie nicht gestresst war und entspannt mit ihm sprach, bereitwillig zuzuhören. Nicht zuletzt freute er sich, ihr einen Gefallen tun zu können. In dem Moment erkannten sie beide, dass sie ständig Kleinigkeiten zu einem Kriegsgrund aufgebauscht hatten, und sie entschuldigten sich beim jeweils anderen dafür.

Gewöhnen Sie sich an, ein- bis zweimal im Jahr eine kleine Auszeit von Ihrer Liebesbeziehung zu nehmen. Es wird Ihnen beiden enorm guttun, wenn Sie hin und wieder Ihre Gedanken ordnen und sich bewusst machen können, wie kostbar Ihnen diese Beziehung ist.

Als Aufwärmübung sollten Sie diese Zeit jedoch nutzen, um sich über die positiven und die negativen Aspekte Ihrer Beziehung klar zu werden.

Tag 2:
Halten Sie sich Ihre alten Fehler nicht ewig vor

Wir alle machen Fehler. Wie dumm der eine oder andere Fauxpas im Nachhinein auch aussehen mag, machen Sie sich nicht bis in alle Ewigkeit Vorwürfe deswegen. Sonst sind Sie vor Anspannung nicht mehr fähig, sich zu öffnen und etwas Neues zu lernen. Dann besteht sogar die Gefahr, dass Sie alte Fehler immer wieder begehen. Führen Sie sich vor Augen, dass Sie zu den Problemen in Ihrer Beziehung mit beigetragen haben, und lassen Sie es danach gut sein. Es macht die Erkenntnis nicht besser, wenn Sie sich Ihre Fehler ständig aufs Neue vorhalten.

Wenn Sie lernen, auf andere Art und Weise mit Ihrem Mann zu kommunizieren, besteht ein Teil des Zaubers darin, dass Sie zunächst Ihr Verhalten und damit auch Ihre Liebesbeziehung ändern. Es ist beruhigend zu wissen, dass auf jeden Zusammenbruch ein Durchbruch folgen kann. Wenn Sie beginnen, anders zu kommunizieren, dann ist das der Durchbruch für Sie ... ein Durchbruch, mit dem Sie sich zukünftige Zusammenbrüche ersparen!

> *»Drei Jahre lang habe ich ihm immerzu*
> *Vorwürfe gemacht. Doch eines Tages ist mir*
> *klar geworden: ›Oh Gott, die Schuld liegt ja auch bei mir!‹«*
> SARAH (36), RECHTSANWÄLTIN

An dieser Stelle ist es Zeit für eine kurze Bestandsaufnahme Ihres bisherigen Liebeslebens. Was war gut? Was hätte besser sein können? Welche Rolle haben Sie dabei gespielt? Welche Ihrer Gewohnheiten, Ausdrucksweisen und Einstellungen haben in der Vergangenheit dazu beigetragen, Ihre Beziehung unglücklich zu machen?

Vergessen Sie aber bitte nicht, dass es sich lediglich um eine Bestandsaufnahme handelt, und suhlen Sie sich ja nicht in vergangenen Fehlern.

Übung:
Listen Sie alle Fehler auf, die Ihnen beim Kommunizieren mit Männern unterlaufen

Erstellen Sie eine Liste mit all jenen Verhaltensweisen, mit denen Sie Ihrer Meinung nach zu einem Scheitern Ihrer Beziehungen beigetragen haben. Seien Sie dabei hundertprozentig ehrlich. Sind Sie zu oft ohne ihn ausgegangen? Haben Sie Ihre Bedürfnisse über seine gestellt? Haben Sie mit anderen Männern geflirtet? Haben Sie die ganze Zeit gearbeitet?

Schreiben Sie alles auf.

_____

_____

_____

_____

_____

_____

_____

Wenn Sie Ihre Fehler nun durchgehen, könnten Sie geneigt sein, den einen oder anderen davon zu rechtfertigen. Vielleicht denken Sie ja: Aber er hat einfach die Wohnungstür hinter sich zugeknallt und ist zum Kartenspielen mit seinen Freunden gegangen, statt bei mir zu Hause zu bleiben, wie er es versprochen hatte. Also bin ich an dem Abend ausgegangen und habe mit einem anderen geflirtet!

Stattdessen sollten Sie sich lieber fragen: Habe ich mit ihm herumgemeckert, als er von der Arbeit kam? Habe ich ihn vollgequasselt, kaum dass er zur Tür herein war? Habe ich ihn aus irgendeinem Grund – und wenn es auch ein guter war – ausgeschimpft? Wenn ja, dann könnte Ihr Verhalten seinen Ärger und sein Verschwinden bewirkt haben.

Es ist für eine jede Beziehung wichtig, dass Sie sich über Ihren eigenen Anteil an deren Verlauf klar werden. Nicht nur zum Tangotanzen gehören immer zwei, sondern auch zu einem dummen Streit. Damit entschuldigen Sie jetzt keinesfalls Ihre Expartner (die höchstwahrscheinlich ebenfalls falsch reagiert haben), sondern Sie führen sich lediglich vor Augen, welche Ihre Rolle dabei war. Mit dieser Übung befreien Sie sich unter anderem davon, ständig in alten Wunden zu stochern, und können stattdessen damit beginnen, Ihre Fehler auszumerzen und Ihr Verhalten in Zukunft zu ändern. Das wiederum wird Ihren Partner dazu ermuntern, anders mit Ihnen umzugehen. Nichts anderes ist das Ziel.

Tag 3:
Fassen Sie den Entschluss, das Nörgeln bleiben zu lassen

Heute sollen Sie sich darauf konzentrieren, von einem Moment auf den anderen das Nörgeln aufzugeben – das ist vergleichbar mit einem Drogenentzug. Betrachten Sie Ihre

Situation dazu mal aus der Sicht Ihres Partners: Er sieht sich plötzlich einer Frau gegenüber, die nicht mehr auf ihm herumhackt, sondern sich positiv auf ihn bezieht. Das heißt für ihn, dass er vor ihr nicht mehr auf der Hut sein muss, sondern sich auf ihre Fragen und Bitten entspannt einlassen und ihr einen Gefallen tun kann, ohne Aggressionen befürchten zu müssen – seine Traumfrau ist wieder da. Und Sie haben Ihren Traummann wieder, der Ihnen Ihre Wünsche gerne erfüllt.

Sobald Sie sich bei Sätzen wie »Habe ich dich nicht letzte Woche gebeten ...«, oder »Warum tust du denn nicht einfach ...«, oder »Du solltest jetzt wirklich ...«, ertappen, brechen Sie sofort ab. Reden Sie nicht weiter, sondern nehmen Sie sich einen Augenblick Zeit, um darüber nachzudenken, wie Sie Ihr Anliegen nicht aggressiv, sondern als Bitte, Bemerkung oder Kompliment äußern können. Und vergessen Sie dabei nicht, auf weibliche Art zu kommunizieren, um in Ihrem Mann den Wunsch zu wecken, der Gute zu sein.

Einen Mann liebevoll daran erinnern, dass er etwas Bestimmtes tun wollte oder sollte, ist etwas ganz anderes als zu meckern. Es kommt immer mal wieder vor, dass man jemanden an das eine oder andere erinnern muss, schließlich vergessen wir alle manchmal was. Ein Kompliment wirkt da wahre Wunder, auch wenn es nur die Verpackung für Ihr Anliegen ist.

Mit den folgenden Formulierungen werden Sie Ihr Ziel garantiert erreichen:

- »Schatz, ich finde es super, dass du darauf achtest, deine Bartstoppeln nicht im Waschbecken liegen zu lassen. Meinst du, du könntest das noch öfter so hinbekommen?«

- »Danke, dass du mittwochs immer so zuverlässig den Müll rausstellst. Aber sag mal, ist dir heute zufällig etwas dazwischengekommen?«

- »Ich finde es richtig lieb von dir, dass du mich morgen zu der Möbelverkaufsausstellung begleiten willst. Ich freu mich schon so darauf.«

Tag 4:
Verbannen Sie den Hausdrachen in sich, und werden Sie zu einer Frau, für die jeder Mann sich ein Bein ausreißt

Niemand hält sich gern in der Nähe eines fauchenden Hausdrachens auf. Vielleicht meinen jene Frauen, die sich so gebärden, sie täten ihrem Mann einen Gefallen, indem sie ihn herunterputzen und beschimpfen, in der Hoffnung, dass er sich ändert, aber eigentlich treiben sie ihn damit nur aus dem Haus. Schließlich muss er jeden Augenblick fürchten, schon wieder etwas falsch gemacht zu haben. Solche Ehemänner halten sich oft an andere Frauen, um sich von ihnen trösten und ihr Ego wieder aufrichten zu lassen.

Während der Hausdrache schimpft: »Kannst du nicht wenigstens ein Mal ohne meine Hilfe ein Hemd und eine dazu passende Krawatte anziehen?«, sagen Sie ihm lächelnd, dass Sie seinen Sinn für Farben bewundern und seine momentane Wahl höchst interessant finden. »Aber wie wäre es mit dem hier?«, fügen Sie dann hinzu. »Das hast du eine ganze Weile nicht mehr getragen, und ich finde, du siehst darin richtig gut aus.« Damit sind Sie am Ende beide zufrieden – eine klassische Win-Win-Situation.

> **Hausdrache:** Eine Frau, die mit einem Mann ständig zankt und ihn herabsetzt, bis er jeden Versuch, etwas für sie zu tun, resigniert aufgibt. Warum sollte ich mich anstrengen?, denkt er sich. Sie ist sowieso mit nichts zufrieden.

Werden Sie stattdessen lieber zur besseren Hälfte, die ihn ergänzt, seien Sie statt der Oberaufseherin Ihres Mannes seine Partnerin, seien Sie das fehlende Puzzleteil, das zu ihm passt, das Yin zu seinem Yang.

> **Bessere Hälfte:** Eine Frau, die durchaus Karriere machen kann, aber in ihrer Liebesbeziehung bemüht ist, mit ihrem Mann zu harmonieren und ihn zu ergänzen, nicht ihn zu bekämpfen.

Tag 5:
Werden Sie vom Alphatier
zur Frau an seiner Seite

In jeder Frau stecken ein Alpha- und ein Betatier. Kennen Sie die beiden Begriffe? Bei Rudel oder Herden bildenden Tieren, die in ihrer Gemeinschaft eine Rangordnung auskämpfen, bezeichnet man mit Alphatier das starke, überlegene, und mit Betatier das unterlegene Herdenmitglied, das sich unterwirft und von dem Ranghohen gegen feindliche Angriffe beschützt wird.

Das Alphatier in Ihnen gibt Ihnen den Mut und die Kraft, sich in der Berufswelt auf der Karriereleiter nach oben zu kämpfen und sich gegen andere durchzusetzen. Haben Sie keine Angst vor dieser Seite in Ihnen, denn sie sorgt dafür, dass Sie das bekommen, was Sie haben wollen. Zumindest im Beruf. In einer Liebesbeziehung dagegen wirkt dauerhaftes Kräftemessen zerstörerisch.

Das Betatier in einer Frau ist ihre intuitive, feminine, oft auch nachgiebige Seite. Sie ist nicht weniger wichtig, denn sie weckt im Mann den Beschützerinstinkt, veranlasst ihn, sich um sie und ihre Wünsche zu kümmern und sich dabei wohl zu fühlen.

Die Methode zu erlernen bedeutet daher auch, vom Alpha- auf das Betatier umschalten zu können. Dazu müssen Sie sich zunächst bewusst machen, welche Verhaltensweisen zu welcher von beiden Seiten in Ihnen gehören. Sie können

auf beide stolz sein, aber Sie müssen sie unterscheiden können, damit Sie sie in der jeweiligen Situation gezielt einsetzen können. Wenn Sie beispielsweise eine Gehaltserhöhung
wollen und Ihr Chef Sie fragt, welche Summe Sie sich vorstellen, dann fordert das Alphatier in Ihnen, was Sie für an-
gemessen halten. Wenn sich dagegen Ihr Mann für ein neues
Auto entscheiden muss, dann überlässt das Betatier in Ihnen
es ihm, die Initiative zu ergreifen und das beste Angebot zu
ermitteln.

Auf Alphatier umschalten: Wenn Sie sich Ihrem Mann gegenüber wie das Alphatier gebärden,
dann untergraben Sie seine Stellung als Herdenfüh-
rer. Damit nehmen Sie ihm die Genugtuung, einen
von Ihnen geäußerten Wunsch von sich aus erfüllen zu können. Im Berufsleben sind Frauen in Füh-
rungspositionen heutzutage nichts Ungewöhnliches
mehr. Wenn aber die Frauen auch zu Hause, ja sogar im Bett die Hosen anhaben, tut das der Liebesbeziehung nicht gut. Schlimmer noch: Es wird nicht
funktionieren. Ihr Mann kann Ihnen Ihre Wünsche
nicht auf Befehl erfüllen, weil ihn das blockiert, zum
Befehlsempfänger degradiert, sowie ihm das Gefühl nimmt, der Gute zu sein, der Sie beschützt und
Ihnen nur zu gerne gibt, was Sie sich wünschen.

Manche Frauen glauben, wenn sie das Betatier in ihnen erkennen lassen, so bedeute das Schwäche, aber das ist falsch. Wenn Sie Ihrem Mann gegenüber die Krallen einziehen und ihn liebevoll behandeln, ist das vielmehr ein Zeichen von Zuneigung. Davon abgesehen, müssen Sie als Frau selbst im Berufsleben nicht ständig das Alphatier hervorkehren. Gelegentlich wirkt die weichere Seite des Betatiers nämlich auch Mitarbeitern gegenüber Wunder. Letztlich gilt: Die richtige Mischung führt zum Erfolg.

In der folgenden Tabelle finden Sie eine Gegenüberstellung dieser beiden Seiten in verschiedenen Situationen:

DAS ALPHATIER	DAS BETATIER
fällt sämtliche Entscheidungen	überlässt dem Mann gern die Führung
will immer den Ton angeben	freut sich über alles, was sie bekommt, und äußert sich anerkennend dazu
kümmert sich um alles selbst	lässt sich von einem Mann umsorgen
muss alles unter Kontrolle haben	hat Vertrauen in ihn und die Tatsache, dass er für sie da ist
ist selbstbewusst aufgrund ihrer Leistungen	weiß, dass sie liebenswert ist, so wie sie ist
kann nur schwer etwas von einem Mann annehmen	nimmt gern etwas von einem Mann an

DAS ALPHATIER	DAS BETATIER
will gleichgestellt sein	bemüht sich, mit ihm zu harmonieren, ihn zu ergänzen
gibt exakt so viel zurück, wie sie bekommt	führt keine Strichlisten

Bedenken Sie, dass Sie in dem Bestreben, die Beziehung zu verbessern, nicht darauf bestehen müssen, dass immer alles nach Ihrer eigenen Nase geht.

FALLSTUDIE: **Jessica**

Die leitende Angestellte Jessica (34) ist es gewohnt, ihren Willen durchzusetzen. Sie erteilt Anordnungen, die ihre Untergebenen ausführen. Bei den Männern ist sie als Drache verschrien. Jessica war der Meinung, sie kommuniziere mit ihrem Lebensgefährten – zumindest sprachen sie jeden Tag miteinander –, allerdings fiel diese Kommunikation keineswegs zu ihrer Zufriedenheit aus.

»Wie oft muss ich ihm denn noch sagen, dass er seine Socken nicht auf dem Boden liegen lassen und den gebrauchten Teebeutel in den Abfall werfen soll? Oder dass er sich endlich mal von der Couch erhebt, um sich ein bisschen Speck herunterzujoggen! Aber er hört ja nicht«, beschwerte sie sich bei uns.

Wir erklärten ihr, dass sie ihren Mann mit Nörgeln und Schimpfen nur aus dem Haus treiben würde, und empfahlen ihr, ihm ihre Wünsche nach unserer Methode zuzuflüstern und ihm dann ein wenig Zeit zu lassen. Zuerst war sie verärgert. »Mein Mann bekommt doch nichts hin, wenn ich ihm nicht sage, was er tun soll.« – Das mag sein, hielten wir dagegen, aber die Rolle des Alphatiers bringe ihr nichts als Frustration und Verzweiflung ein. Daher schlugen wir ihr vor, ins kalte Wasser zu springen, ihr Verhalten radikal zu ändern und ihren Mann nicht länger wie ein Kind oder einen Untergebenen zu behandeln: kein Schimpfen mehr, auch kein Herunterputzen, keine Anweisungen oder Befehle. Stattdessen sollte sie zur Abwechslung einmal seine Wünsche berücksichtigen, ihn um etwas bitten oder ihm etwas vorschlagen. Und sie sollte ihre Anerkennung äußern, sobald er darauf eingeht.

Die Methode funktionierte. Nach einer Weile entspannte sich ihr Partner und begann ihr zuzuhören, wenn sie etwas sagte. So wurde aus Mr Dir-kann-man-auch-nichts-recht-machen mit der Zeit Mr Was-möchtest-du-Schatz?. Jessica hatte gelernt, am Ende eines Arbeitstages umzuschalten, zu Hause nicht mehr der Befehle erteilende Drache zu sein und ihrem Mann das Gefühl zu geben, ein … Mann zu sein.

Tag 6:
Schluss mit den Dramen

Am sechsten Tag steht der Entschluss an, sich jegliche dramatischen Auftritte abzugewöhnen. Sicher, wir alle empfinden spannungsreiche Ereignisse gelegentlich als genussvolle Abwechslung. Deswegen gehen wir ins Kino, lesen in Illustrierten gern Schauergeschichten über Prominente und sehen uns im Fernsehen Reality-Shows an. Weniger lustig sind dramatische Auftritte, wenn sie einem selbst passieren und die eigene Liebesbeziehung gefährden.

Manche Frauen haben bei Kaffeekränzchen oder sonstigen Begegnungen nichts anderes beizusteuern als Beschwerden und Klagen über ihren Partner oder Ehemann. Aber glauben Sie uns, es ist für sämtliche Beteiligten besser, wenn Sie Ihren Mann nicht zum Gegenstand von Tratsch und Klatsch machen. Ersparen Sie Ihren Freundinnen das endlose Gejammer über seine Spleens, Fehler und schlechte Gewohnheiten, und äußern Sie sich lieber lobend über seine guten Seiten, etwa seine Großzügigkeit, seine liebevollen Gesten oder seine Zuverlässigkeit.

Tag 7:
Stecken Sie Ihre Erwartungen anfangs nicht zu hoch

Dies ist der Tag, an dem Sie akzeptieren lernen, dass Sie auch nur ein Mensch sind. Hurra! Da Sie noch im Anfängerstadium sind, wird Ihnen zu Beginn sicher öfter einmal der eine oder andere Ausrutscher passieren. Verzagen Sie nicht, sondern rappeln Sie sich wieder auf, schütteln Sie den Staub ab, und starten Sie einen neuen Versuch. Wenn Sie Autofahren gelernt haben, dann wissen Sie, dass es anfangs noch etwas ruckelt beim Schalten und Kuppeln. Je mehr Übung und

Erfahrung Sie haben, umso ruhiger, besser und sicherer fahren Sie. Geben Sie sich und Ihrem Partner also Zeit, um herauszufinden, wie Sie am besten miteinander auskommen.

Bedenken Sie dabei eines: Sie müssen keineswegs immer einer Meinung sein. Auch bedeutet ein Streit nicht gleich das Ende einer Beziehung. Sie werden sich hin und wieder vielleicht auch anschreien, weil einer dem anderen den letzten Joghurt weggegessen hat. All das macht nichts. Wichtig ist, dass Sie danach wieder zueinander finden und dank unserer Methode in den ausgewogenen, entspannten Zustand Ihrer Beziehung zurückkehren.

Nehmen Sie sich eine Auszeit, um Dampf abzulassen. Schreiben Sie eine Liste mit zehn Gründen, warum Sie diese Beziehung führen wollen und warum Ihr Mann ein toller Mensch ist. Lachen Sie dann einmal herzhaft über den dummen Streit, und vergessen Sie ihn. Es ist völlig normal, dass man sich manchmal über etwas aufregt und seinem Ärger auch Luft macht. Dieser Zustand sollte nur nicht längere Zeit andauern, vor allem aber sollten Sie sich in diesem Zustand nicht zu Kampfhandlungen hinreißen lassen. Kanalisieren Sie Ihre Energie lieber in etwas Positives – gehen Sie zum Beispiel eine Runde joggen, bringen Sie die leeren Flaschen zum Altglascontainer, oder backen Sie ein Blech Schokoplätzchen!

Die Mantras
des Erfolgs

Sollten Sie sich dabei ertappen, wie Sie
wieder in Ihre alten Gewohnheiten zurückfallen
und anfangen zu meckern, dann brechen
Sie das Gespräch sofort ab. Ziehen Sie sich
stattdessen zurück, wiederholen Sie die Übungen
von Tag 1 des Programms.

Haben Sie Vertrauen, und glauben Sie uns,
dass es mit Ihrer Beziehung aufwärtsgehen wird,
je besser Sie die Methode beherrschen.

Der männliche
Verstand

Wissenschaftliche Erkenntnisse darüber, wie Männer denken, handeln und lieben

---

»Frauen reden, weil sie gerne reden.
Ein Mann dagegen spricht nur,
wenn ihn ein äußerer Anlass dazu nötigt,
zum Beispiel, wenn er
seine Socken nicht finden kann.«

Jean Kerr

»Sie dürfen Männer nicht persönlich nehmen.
Ihr Verhalten richtet sich nicht
gegen Sie, es liegt am männlichen Gehirn.«

Donna und Sam

Zur Sache, Schätzchen

Wundern Sie sich gelegentlich, wie Ihr Mann über Beziehungen denkt oder wie er Ihnen seine Liebe und Treue beweist? Sind Sie befremdet über seine Schwäche für Pornofilme, Bier und Dekolletés? Oder verstehen Sie beim besten Willen nicht, warum er nicht so verständnisvoll wie Ihre Freundinnen reagieren kann, wenn Sie sich aussprechen oder Ihre Gefühle mitteilen wollen?

Tja, willkommen in der Welt des männlichen Verstandes.

Frauen rennen regelmäßig gegen eine Wand an, wenn sie versuchen, mit ihrem Mann zu kommunizieren, vor allem, wenn sie erwarten, dass er genauso sensibel auf ihre Gefühlsausbrüche reagiert wie eine gute Freundin. Beruhigen Sie sich, Sie sind nicht die Einzige, die solche Erfahrungen macht. Zum Glück haben Wissenschaftler, Philosophen und Ärzte eine Erklärung dafür, die mit einem ganz bestimmten Körperteil zusammenhängt. Und nur fürs Protokoll: Es ist nicht der Penis, sondern sein Gehirn. Wenn Sie erst verstehen, wie das männliche Gehirn funktioniert und welche chemischen Stoffe dabei in seinem Körper ausgeschüttet werden, dann wird Ihnen auch klar, warum die Methode so erfolgreich ist.

Das männliche Gehirn und seine Programmierung

Wir hören es immer wieder: Die meisten Frauen erwarten von ihrem Mann, dass er sich genauso einfühlsam verhält wie ihre beste Freundin, die nun mal einfach weiß, wie frau sich in gewissen Situationen fühlt, die immer das richtige sagt und spürt, wann es Zeit für einen aufmunternden Einkaufsbummel oder einen Kaffee ist. Leider besitzen die meisten Männer in dieser Hinsicht nicht das geringste Verständnis, aber das ist nicht ihre Schuld. Sie ticken nämlich einfach anders. Untersuchungen des männlichen Gehirns und seiner Funktionen sind sehr kompliziert und führen oft zu widersprüchlichen Ergebnissen. Dennoch haben wir einige übereinstimmende Aussagen über die biologischen Unterschiede zwischen Mann und Frau gefunden, die erklären, warum sie so unterschiedlich denken, handeln und lieben.

> *»Wenn ich mich dabei ertappe, dass ich*
> *meinem Freund etwas über Mode, Haare oder*
> *den neuesten Promiklatsch erzähle,*
> *dann mache ich schnell einen Witz und sage:*
> *›Hui, habe ich dir gerade mal wieder*
> *das Spannendste vom Spannenden erzählt?‹*
> *Dann müssen wir beide lachen.«*
>
> SANDRA (28), VERWALTUNGSANGESTELLTE

Sie sollten nicht erwarten, dass Ihr Mann dieselbe Begeisterung für einen Schwatz aufbringt wie Ihre Freundin, und Sie sollten es auf keinen Fall als mangelndes Interesse an Ihnen interpretieren, wenn er in Ihrem Beisein manchmal schweigt. Einander stumm Gesellschaft zu leisten ist für ihn vielmehr ein Genuss. Denken Sie es sich doch mal so: Sie lassen sich massieren, und die Masseurin redet und redet in einem fort, dabei hatten Sie eigentlich vor, bei der Gelegenheit ein wenig vor sich hin zu dösen und zu träumen. Sie wollen gewiss nicht unhöflich sein, aber Sie hoffen wirklich, dass sie endlich verstummen möge. So ähnlich empfindet ein Mann, wenn er eine unentwegt plappernde Frau neben sich hat ... Meistens jedenfalls.

Er kann mit Ihrem Geplapper nichts anfangen

Im Alltag äußert sich das dann so: Wenn Sie nach einem harten Arbeitstag oder nach einem Streit mit Ihrer besten Freundin nach Hause kommen und das dringende Bedürfnis verspüren, darüber zu reden (und zwar so richtig ausführlich), dann können Sie Ihr teuerstes Parfum darauf verwetten, dass Ihr Mann keine Lust hat, sich all die komplizierten Details wieder und wieder anzuhören. Vermutlich wird er Ihnen auch nicht mitteilen wollen, welche Gefühle das in ihm auslöst. Männer nehmen Informationen systematisch zur Kenntnis, wobei sie Gefühle als nicht zur Sache gehörend ignorieren. Sie wollen lediglich das Problem hören (am liebsten in drei oder wenigen Worten), eine Lösung vorschlagen (für die Sie sich auf alle Fälle erkenntlich zeigen sollten, auch wenn sie Ihnen nicht gefällt), und dann zum Thema Abendessen übergehen.

Das heißt nicht, dass er Sie nicht liebt oder dass ihm Ihre Probleme egal sind. Vielmehr ist es die logische Konsequenz daraus, wenn Sie mit ihm auf typisch weibliche Art sprechen und er auf typisch männliche Art antwortet. So können Sie beide keinen Draht zueinander und damit auch nicht zu gegenseitigem Verständnis finden. Ihr Mann wird gar nicht verstehen, worum es Ihnen geht, und sich wundern, worüber Sie ihm da endlos vorjammern. Sein Gehirn ist so programmiert, dass er unterschiedliche Probleme auch unterschiedlich behandelt.

Diese Phase, in der Mann und Frau aneinander vorbeireden, kann Stunden, Tage, Monate, Jahrzehnte, in manchen Fällen sogar ein ganzes Leben lang andauern. Zwei Menschen können durchaus ihr Leben miteinander verbringen, ohne einander jemals wirklich zu verstehen, und sich in ihrer hilflosen Art, miteinander umzugehen, immer weiter voneinander entfernen. Traurig. Wir haben sogar schon erlebt, dass Paare, die seit Jahrzehnten zusammenleben, sich ansehen und erstaunt feststellen: »Du kennst mich eigentlich gar nicht.« Unglücklicherweise ergeht es vielen Menschen so, aber glücklicherweise bietet die Methode den rettenden Ausweg aus dieser Sackgasse.

Erwarten Sie nicht zu viel von seinem Erinnerungsvermögen

Kennen Sie das auch? Sooft Sie Ihrem Mann auch schon gesagt haben, wo er den Klopapiervorrat findet, dass Sie am Freitagabend bei Ihrer Mutter zum Abendessen eingeladen sind oder wo der Korb für die schmutzige Unterwäsche steht, er scheint sich nie daran erinnern zu können. Untersuchungen zufolge, die 2005 an der Universität von Cambridge durchgeführt wurden, ist jener Teil des Gehirns, der den Namen Hippocampus trägt und für die Gedächtnisbildung wichtig ist, beim Mann weniger stark ausgebildet als bei der Frau.

Sollten Sie Ihren Mann also wieder einmal an etwas erinnern müssen und deswegen wütend werden, dann atmen Sie lieber tief durch und fragen sich: Ist das den Ärger wirklich wert? Oder wäre es nicht besser, es ihm nochmals in ruhigem Ton zu sagen – oder die Schmutzwäsche einfach selbst in den Korb zu werfen und dabei an drei Dinge zu denken, die er an diesem Tag schon für Sie getan hat? Egal, ob er Sie mit einem zärtlichen Kuss geweckt, Ihnen ein Lunchpaket für die Mittagspause gepackt oder den Luftdruck in Ihren Autoreifen überprüft hat – das sind alles Beweise seiner Zuneigung!

Seien Sie darauf gefasst, dass sein Sexualtrieb sich von Ihrem stark unterscheidet

Es ist beileibe kein Märchen, dass das machtvollste Sexual-organ in unserem Körper das Gehirn ist. Da jeder Mensch ein Gehirn hat, wundern Sie sich vielleicht, warum Männer viel mehr zu horizontalen Turnübungen aufgelegt sind als Frau-en. Eine Erklärung dafür liefert eine Studie, die zeigt, dass der männliche Sexualtrieb durch bestimmte Funktionen des männlichen Gehirns gesteuert wird. Dazu ließen Forscher weibliche und männliche Studenten zwei Stapel mit Fotos betrachten, einen mit erregenden und einen mit neutralen Bildern. Die gemessenen Gehirnreaktionen ergaben – wer hätte das gedacht? –, dass bei den erregenden Bildern die entsprechenden Gehirnregionen der männlichen Versuchs-personen viel stärker aufleuchteten als bei den Frauen. Ins-besondere die Amygdala und der Hypothalamus waren in den männlichen Gehirnen stärker aktiviert als in den weib-lichen. Der vordere Bereich des Hypothalamus, der für die Steuerung des Sexualtriebs eine wichtige Rolle spielt, ist beim Mann mehr als zweimal so groß wie bei der Frau. Au-ßerdem ist sein Testosteronspiegel deutlich höher als ihrer (weshalb er praktisch immerzu auf Sex aus ist). Alles zu-sammengenommen ist es kein Wunder, dass Frauen auf der ganzen Welt das gleiche Problem haben.

Männer werden also immer mehr Sex wollen als Frau-

en, und zwar auch dann, wenn sie gerade wieder mal »vergessen« haben, ihre Schmutzwäsche wegzuräumen. Konzentrieren Sie sich daher auf das Wesentliche, vergessen
Sie Nebensächlichkeiten, und streben Sie nicht nach Perfek-
tion. Befolgen Sie lieber unseren Rat, und denken Sie an das,
was Ihr Mann in der letzten Zeit alles für Sie getan hat. Mit
Sicherheit wird Sie das in eine liebevollere, versöhnlichere
Stimmung versetzen.

Erklären Sie ihm Ihre emotionalen Reaktionen

Die Neurologin Dr. Joann Brizendine, Autorin von *Das weibliche Gehirn,* erklärt anschaulich, dass Frauen mit Hilfe ihres
Spiegelneuronensystems, das im weiblichen Gehirn stärker
ausgeprägt und aktiver ist als beim Mann, eine sensiblere
Wahrnehmungsfähigkeit für die Gefühle anderer Menschen
besitzen. Ebenso zeichnet sie eine stärkere natürliche Ein-
fühlungsgabe aus, mit der sie Gesichtsausdrücke, den Klang
von Stimmen und andere nonverbale Ausdrucksmöglichkei-
ten interpretieren können. Männer können das nicht ganz so
gut. Sie erkennen Gefühle oft nicht, solange man sie nicht direkt darauf hinweist. Und selbst dann benützen sie zumeist
ihren Verstand ohne dabei auf Emotionen zu achten.

Frustriert Sie diese Erkenntnis? Vermutlich ja. Aber so
funktioniert nun mal das männliche Gehirn.

Wenn Sie wollen, dass Ihr Mann Ihre Gefühle wahrnimmt, dann sprechen Sie diese deutlich aus. Erwarten Sie nicht von ihm, dass er eine bloße Andeutung versteht, sonst wird er sich nur ratlos am Kopf kratzen, während Sie ihn für einen Trottel halten, der er gar nicht ist. Denken Sie stets daran, dass Sie eine von zwei unterschiedlichen Hälften sind und ein gutes, sich ergänzendes Verhältnis mit Ihrem Mann haben möchten. Dies erreichen Sie nur, wenn Sie ihm deutlich sagen, was er wissen soll.

Ohne Worte

Harriet fragte einmal ihren festen Freund, warum er ihr so gut wie nie sage, dass er sie liebt.

»Was redest du denn da?«, wunderte er sich. »Ich habe dir doch mein Auto geliehen, ich habe deinen Computer repariert und dich gestern Abend in ein tolles Restaurant ausgeführt.«

Harriet traute ihren Ohren kaum. Das sollten Liebeserklärungen gewesen sein? Das war also die Art und Weise, wie Männer ihre Gefühle mitteilten? Harriet hat aus dem Gespräch etwas Wertvolles gelernt: Wenn eine Frau wissen möchte, was ein Mann für sie empfindet, dann sollte sie ihr Augenmerk auf seine Taten legen. Männer zeigen ihre Gefühle eher durch das, was sie für andere tun, als mit Worten. Listen Sie ruhig einmal auf, was Ihr Mann in einer Woche alles für Sie erledigt hat – Sie werden überrascht sein, wie oft er Ihnen seine Liebe ohne Worte ausgedrückt hat.

Männerblicke: Lassen Sie ihn schauen!

Mit Sicherheit kennen Sie diesen glasigen, starren Blick, mit dem Männer einer attraktiven Frau hinterhersehen? Auch dafür gibt es eine wissenschaftliche Erklärung. Laut dem Psychiater Dr. Scott Haltzman, Fachmann für das menschliche Gehirn und Autor, besitzt der Mann, evolutionsgeschichtlich belegt, den lebenslangen Drang, sich so oft wie möglich fortzupflanzen. Dr. Haltzman erklärte uns bei einer unserer Diskussionsveranstaltungen, dass Männer praktisch darauf programmiert seien, ständig nach Gelegenheiten zur Fortpflanzung und damit auch nach geschlechtsreifen Gefährtinnen Ausschau zu halten.

Sogar, wenn sie verheiratet sind? *Ja.*

Wir würden Ihnen jetzt gerne eine magische Flüsterformel an die Hand geben, mit der sich sein Gehirn austricksen lässt, aber das können wir nicht. Zu Ihrer Beruhigung können wir Ihnen allerdings sagen, dass dieser Blick nur wenige Augenblicke dauert und dass Sie die Aufmerksamkeit Ihres Mannes schnell wieder auf sich lenken können, indem Sie ihm zärtlich den Arm drücken. Seine biologische Eigenart und die jahrtausendelange Evolution lassen ihn einer anderen Frau hinterhersehen, aber sein bewusstes Denken erinnert ihn daran, dass Sie diejenige sind, mit der er zusammen ist. Also bleiben Sie gelassen, wenn er hin und wieder den Blick schweifen lässt.

Achtung: Männer und Pornos

Wussten Sie, dass sich praktisch einhundert Prozent aller Männer Pornofilme ansehen? Wissenschaftler der Universität Montreal haben 2009 nach Männern gesucht, die sich noch nie einen solchen Film angesehen haben, und sie fanden keinen einzigen! Sie haben in ihrer Studie festgehalten, dass praktisch alle Männer Pornos ansehen.

Sollten Sie also eines Tages das geheime Versteck Ihres Mannes entdecken, dann machen Sie deswegen kein Theater. Sie werden sich schwertun, einen Mann zu finden, der solche Filme nicht hat.

Die Mantras
des Erfolgs

Sie wissen nun, warum Ihr Mann nie wie
Ihre beste Freundin reagieren wird,
also hören Sie damit auf, ihn in diese Rolle
drängen zu wollen. Schließlich haben
Sie Freundinnen, die dafür parat stehen.
Genießen Sie es, mit ihnen Spaß zu haben und
sich weibliches Verständnis von ihnen zu
holen, und seien Sie so fair zu Ihrem Mann, von
ihm nicht das Gleiche zu verlangen.

Denken Sie stets daran, wie Ihr Mann
programmiert ist, bevor Sie mit ihm zanken, weil
er sich nicht eine Viertelstunde lang über
den kranken Hund Ihrer Mutter unterhalten will.

Warum Männer nicht zwei Dinge auf einmal tun können (und wie Sie seine Aufmerksamkeit auf sich lenken)

»Ich glaube, je größer die Brüste einer Frau sind,
umso dümmer werden die Männer.«

Anita Wise

»Mit der Methode lenken Sie
seine Aufmerksamkeit wieder auf Ihre Brüste.«

Donna und Sam

Immer schön eins nach
dem anderen

Sicherlich haben Sie die folgenden Beschwerden schon etliche Male gehört oder gar selbst geäußert: »Männer können immer nur eine Sache auf einmal tun!«, oder, noch schlimmer: »Ständig läuft dieser verdammte Fernseher ... ich interessiere ihn gar nicht mehr!« Dabei sollten Sie es weder dem Fernseher anlasten noch dem neuesten *Playboy* oder seiner Besessenheit, an seinem Auto herumzubasteln, wenn Ihr Mann Ihnen keine Aufmerksamkeit schenkt. In Wirklichkeit ist sein Corpus callosum schuld, das in seinem Gehirn sitzt.

Lassen Sie es uns erklären: Das Corpus callosum ist die Querverbindung zwischen der linken und der rechten Hälfte des Großhirns. Im weiblichen Gehirn ist es stärker entwickelt als im männlichen, weshalb wir Frauen entweder jede Seite für sich oder beide zugleich nutzen können. Dr. Haltzman erklärt, dass bei einer Funktionsmessung der Gehirnhälften bei Frauen beide Seiten aufleuchten, wenn emotionale Dinge zur Sprache kommen, bei Männern dagegen nur eine von beiden Seiten. Bei den Höhlenmenschen half dieser Umstand den Frauen, mehrere Aufgaben gleichzeitig zu erfüllen, während er die Männer befähigte, sich voll und ganz auf eine Sache zu konzentrieren – und das war meistens die Jagd.

Viele Frauen haben leider kein Verständnis dafür, dass sie

jedes Mal den Kürzeren ziehen, wenn sie mit ihren Reizen die Aufmerksamkeit ihres Mannes von etwas ablenken wollen, womit er gerade beschäftigt ist – sei es eine Arbeit, eine Sendung im Fernsehen oder sein Motorrad. Nun wissen Sie, warum das so ist. Versuchen Sie es also gar nicht erst.

> *»Ich könnte mich nackt vor den Fernseher stellen*
> *und mit den Hüften wackeln, mein Mann*
> *würde mich trotzdem nur anbrummen, dass ich*
> *zur Seite gehen soll!«*
> DENEE (27), LEHRERIN

In einer Episode von *Sex and the City* zieht Carrie sich Reizwäsche an und versucht, Mr Big zu verführen, während er sich im Fernsehen einen spannenden Boxkampf ansieht. Sie glaubt, dass ihm Sex (und sie!) jederzeit wichtiger seien als Sport (und Bier). Aber da irrt sie sich gewaltig, denn Mr Big schiebt sie murrend beiseite. Daraufhin zieht Carrie sich beleidigt zurück, um mit ihren Freundinnen zu schmollen. In Wirklichkeit ist Carrie an dieser Zurückweisung jedoch selbst schuld. Mr Big hat ihre Avancen nämlich nicht aus Gemeinheit zurückgewiesen. Wenn man es genau nimmt, kam die Gemeinheit in diesem Augenblick sogar von ihr. Sie wollte Sex mit ihm und forderte seine Aufmerksamkeit *auf der Stelle*, ohne Rücksicht darauf, dass sein männliches Gehirn gänzlich auf den Boxkampf konzentriert war.

In fünf Schritten zu seiner vollen Aufmerksamkeit

Da Sie nun wissen, warum Männer nicht mehr als eine Sache auf einmal tun können, lassen Sie uns Ihnen im nächsten Schritt erklären, wie Sie mit dieser biologischen Tatsache umgehen können. Wir haben da eine einfache, zuverlässige Methode in fünf Schritten für Sie entwickelt:

Schritt 1:
Handeln Sie einen Zeitpunkt aus

Wenn Sie die ganze Aufmerksamkeit Ihres Mannes für etwas gewinnen wollen, dann ist es weitaus klüger, ihm das im Voraus anzukündigen, statt ihn aus dem Nichts heraus damit zu überfallen, während er gerade mit etwas anderem beschäftigt ist.

Die störungsfreie Zone des Mannes

Die Zone ist der ganz persönliche geistige oder physische Raum eines Mannes, in dem er sich ungestört auf etwas konzentrieren kann. Er möchte an diesem Ort in Ruhe gelassen werden und wird jede Störung von außen abwehren, Sie eingeschlossen. Steht ihm dafür kein eigener Raum zur Verfügung, wird er sich irgendein Hobby oder eine Betätigung suchen, um aus dem Haus zu kommen, oder sich ein ruhiges Plätzchen in der Garage, im hintersten Winkel des Gartens oder auf der Couch suchen.

Teilen Sie Ihrem Mann mit, dass Sie ihn begleiten möchten, wenn er sich neue Sportschuhe oder einen neuen Tennisschläger kauft, damit Sie anschließend zum Mittagessen in sein Lieblingsrestaurant gehen können. Fügen Sie hinzu, dass Sie während des Essens gerne etwas mit ihm besprechen möchten, das Ihnen auf der Seele liegt – wenn es ihm nichts ausmacht. Auf diese Weise bereiten Sie ihn auf das Gespräch vor, und er kann sich darauf einstellen, Ihnen seine volle Aufmerksamkeit zu schenken. Bringen Sie Ihren Vorschlag in einer entspannten, stressfreien Situation vor, zum Beispiel beim gemeinsamen Frühstück.

Diese Methode, einen geeigneten Zeitpunkt für ein Gespräch mit Ihrem Mann zu vereinbaren, erfordert Zurückhaltung und Geduld von Ihnen. Allerdings müssen Sie keineswegs immer gleich über alles mit ihm sprechen, nur weil es Ihnen gerade in den Sinn kommt und Sie meinen, Sie explodieren, wenn Sie es nicht sofort loswerden. Üben Sie sich also in Zurückhaltung, und machen Sie die Erfahrung, dass es wahre Wunder wirkt, Ihren Mann in Ruhe zu lassen. Das ist in etwa mit einem Wellness-Nachmittag für Sie zu vergleichen.

Einen Zeitpunkt aushandeln

Um Ihren Mann friedlich aus seiner störungsfreien Zone zu holen, verabreden Sie mit ihm einen
Zeitpunkt, zu dem er bereit ist, sich auf Ihr Anliegen zu konzentrieren. Fragen Sie ihn, wann es ihm
am besten passt, und halten Sie diesen Zeitpunkt
gemeinsam fest. Auf diese Weise ist er geistig und
seelisch bereit, Ihnen seine Aufmerksamkeit und
Zeit zu widmen.

Wenn Sie allerdings mal das dringende Bedürfnis haben,
etwas, das Ihnen im Kopf herumspukt, sofort mitteilen zu
müssen, dann schreiben Sie es lieber auf, und bringen Sie
es später vor. Dieses Notventil lindert hoffentlich den Stress
und das Gefühl, gleich platzen zu müssen. (Dies gilt natürlich nicht für einen echten Notfall, bei dem auch Ihr Mann
Verständnis dafür haben wird, wenn Sie in seine störungs-
freie Zone eindringen.)

FALLSTUDIE: **Lily**
Lily gehört zu den Frauen, die immer sofort mit allem, was sie
denken, herausplatzen müssen, weil sie es einfach nicht aushalten. Eines Tages bekam Lily eine E-Mail von einem Mann, mit
dem sie sich seit drei Monaten traf. Er schrieb, er könnte sie am
nächsten Wochenende nicht treffen, weil er Besuch bekomme.
Besuch?, dachte sie aufgebracht. Das ist eine Frau, da bin ich

mir sicher. Ich glaube, ich werde verrückt. Das muss ich unbedingt herausfinden.

Die beiden waren im Anfangsstadium ihrer Beziehung, hatten sich noch keine Treue geschworen und konnten daher tun und lassen, was sie wollten und mit wem sie es wollten – einschließlich eines unbekannten Besuchs. Daher kam es schlicht nicht in Frage, nähere Auskunft über diesen geheimnisvollen Gast von ihm zu verlangen. Lily konnte ihn aber mit der Methode ganz lässig danach fragen. Genau das tat sie.

Sie wartete ab, bis er das nächste Mal mit ihr ausging (keine leichte Übung), und beim Abendessen fragte sie ihn dann beiläufig und mit einem breiten Lächeln: »Na, wer hat dich denn letztes Wochenende besucht?«

Er blickte etwas konsterniert und verlegen drein, aber Lily bekam eine Antwort. Er gab zu, dass er sich auch noch mit einer anderen Frau traf und mit ihr das Wochenende verbracht hatte. Lily erwiderte nur, dass es dazu nichts zu sagen gebe, da sie keine verbindliche Beziehung hatten und er tun könne, was er wolle. Aber sie wusste, woran sie war und was sie zu tun hatte. Denn sie wollte ganz bestimmt nicht neben einer anderen Frau die zweite Geige spielen und vor allem nicht ihre Zeit mit einem Mann verschwenden, der mit ihr umging, wie es ihm gerade passte.

Wenn Sie sich in einer ähnlichen Situation befinden wie Lily, dann warten Sie erst einmal ab, und haben Sie Geduld. Wenn Sie es gar nicht mehr aushalten, dann schreiben Sie Ihrem Mann eine böse E-Mail, ohne sie jedoch abzuschicken. Lassen Sie sich mindestens drei Tage Zeit. Wenn er dann immer noch nichts von sich hat hören lassen, sollten Sie ihm eine kurze E-Mail schicken, in der Sie ihm »Alles Gute« wünschen. Sollte er Sie daraufhin treffen wollen, sagen Sie Ja. Wenn Sie später fest zusammen sind, erkundigen Sie sich in freundlichem, lockerem Tonfall nach seinem Wochenende, und warten Sie ab, was er Ihnen darüber zu erzählen hat.

Davon hängt dann alles Weitere ab. Überfallen Sie ihn auf gar keinen Fall mit Fragen oder Gefühlsausbrüchen, denn das führt unmittelbar zur Katastrophe. Kein Mann will etwas mit einer Psychopathin zu tun haben, die aus jeder Kleinigkeit gleich ein Eifersuchtsdrama macht. Bedenken Sie bitte auch Folgendes: Der Besucher könnte genauso gut sein Bruder gewesen sein. Das kann man nie wissen. Überstürzen Sie also nichts.

Schritt 2:
Warten Sie, bis er bereit ist

Auch wenn Sie fest verabredet hatten, dass Ihr Mann Ihnen nun zuhört, warten Sie trotzdem, bis er Ihnen seine volle Aufmerksamkeit schenkt. Vielleicht stürzt er sich zunächst voller Heißhunger auf sein Steak oder sucht mit den Blicken ungeduldig nach der Kellnerin, um etwas zu trinken zu bestellen, oder er hat sich verfahren und studiert die Straßenkarte. Wenn Sie sich nicht sicher sind, ob er bereit für ein Gespräch ist, dann erinnern Sie ihn höchstens sanft: »Sag mir, wenn du so weit bist, dass wir reden können«, und haben Sie dann nochmals Geduld, bis er sich Ihnen eindeutig zuwendet.

Sobald ein Mann aus seiner störungsfreien Zone auftaucht, fühlt er sich ausgeruht und freut sich darauf, sich mit seiner Frau zu beschäftigen – geistig, körperlich oder beides. Er ist viel eher bereit, ihr zuzuhören und auf ihre Bemerkungen, Anliegen oder Bitten einzugehen, weil er andere Dinge bereits erledigt hat und sich jetzt auf sie konzentrieren kann (vor allem, wenn sie ihm vorher nicht alle fünf Minuten auf die Nerven gegangen ist).

> *»Dieses Wochenende habe ich ganz für meine*
> *Freundin Erika reserviert. Sie will irgendetwas mit mir*
> *besprechen, deshalb habe ich alles andere abgesagt.«*
> ARNOLD (34), KUNSTHANDWERKER

Schritt 3:
Äußern Sie nur ein einziges Anliegen

Wenn Sie nun die ungeteilte Aufmerksamkeit Ihres Mannes haben, verderben Sie es bloß nicht, indem Sie ihm eine ganze Liste von Forderungen, Beschwerden oder knurrigen Kommentaren an den Kopf werfen. Beschränken Sie sich auf *eine* wichtige Angelegenheit, die er erledigen soll, oder *ein* Problem, über das er sich Gedanken machen soll. Jawohl, nur ein einziges.

Wählen Sie aus Ihrer Liste eine einzige Sache aus, die er

sogleich für Sie erledigen könnte und die Ihnen zudem am meisten Freude machen würde, und bitten Sie ihn darum. Erst wenn er Ihnen diese Bitte erfüllt hat, bringen Sie Ihr nächstes Anliegen vor. Schlagen Sie aber nicht gleich über die Stränge. Sobald Sie merken, dass er die Lust verliert, lassen Sie es gut sein. Es gibt immer ein nächstes Mal.

Nun denken Sie vielleicht, mein Gott, das dauert ja ewig. Das mag auf den ersten Blick durchaus so scheinen, aber wenn Ihr Mann erst einmal verstanden hat, welchen Nutzen er selbst davon hat, wird er Ihnen immer bereitwilliger den einen oder anderen Gefallen tun. Wenn er keine Angst mehr vor einer Ihrer Gardinenpredigten haben muss, wird er die Dinge auch nicht mehr widerwillig und zaudernd anpacken, sondern alles flotter erledigen. Sie bescheren ihm also ein tolles Erfolgserlebnis.

Für Sie, die Sie mit Ihrer weiblichen Herangehensweise vermutlich am liebsten fünf Dinge gleichzeitig erledigt sähen, wäre es eine Erleichterung, sich eine Liste mit den zehn dringendsten Punkten zu erstellen, die Sie dann nach und nach zur Sprache bringen. Wir wissen, dass dies schwer für Sie ist, aber letztendlich lohnt es sich, Geduld zu haben. Halten Sie also Ihr inneres Alphatier im Zaum, und haken Sie Ihre Liste Punkt für Punkt ab. Wenn das kein Erfolgserlebnis für Sie ist ...

Schritt 4:

Sagen oder zeigen Sie ihm, welchen Nutzen er selbst davon hat

Vergessen Sie nicht, Ihrem Mann deutlich zu machen, dass er etwas dafür bekommt, wenn er Ihnen einen Gefallen tut. Das kann ein Lächeln sein oder auch die Aussicht auf ein Abendprogramm, das ihm gefällt. Wie die Belohnung auch ausfällt, Sie müssen ihm grundsätzlich nahelegen, dass es auch für ihn vorteilhaft ist, wenn er Ihnen eine Freude macht. Er denkt dann ungefähr so: Wenn ich auf ihre Wünsche eingehe, dann habe ich eine glückliche Frau, dann macht der Sex mehr Spaß, dann kocht sie mir mein Lieblingsgericht, dann ist sie nicht sauer, wenn ich mal meine Ruhe haben will oder mit meinen Freunden ein Bier trinken gehe.

Das Ganze läuft darauf hinaus, dass er Folgendes erkennt: Wenn meine Frau glücklich ist, dann bin auch ich glücklich.

Schritt 5:

Zeigen Sie ihm Ihre Anerkennung im Voraus

Auch wenn Ihr Mann die Belohnung erst erhält, nachdem er eine Aufgabe erfüllt hat, danken Sie ihm bereits im Voraus dafür, dass er bereit ist, Ihnen einen Gefallen zu tun. Auf diese Weise stärken Sie den Erfolgswunsch eines Mannes. Denn je motivierter er ist, die Aufgabe zu Ende zu bringen, umso schneller ist sie getan.

Der vorab ausgedrückte Dank oder die Anerkennung sagt ihm, dass er auf dem richtigen Wege ist und dass Sie Vertrauen in ihn und seine Fähigkeiten haben. Beides ist für das männliche Ego von großer Bedeutung.

Sein großes Bedürfnis nach Sex

Eine Frage, die nahezu alle Frauen beschäftigt, lautet: Sind Männer wirklich so sehr auf Sex aus? Wäre ihnen zwanzig Mal am Tag wirklich am liebsten? Und müssen sie sich wirklich so oft pro Woche sexuell erleichtern? Die Antworten lauten: Ja, ja und noch mal ja. Gott sei Dank. Sonst müssten wir sie womöglich einmal im Monat um ein bisschen horizontale Gymnastik anbetteln. Und das will gewiss keine Frau.

Natürlich ist es kein sonderlich erhebendes Gefühl, wenn Sie beim allerersten Rendezvous, während Sie noch überlegen, ob Sie den Fisch oder das Steak bestellen sollen, bereits bemerken, dass er Ihnen die ganze Zeit nur in den Ausschnitt starrt und sich vorstellt, wie Sie nackt in seinem Bett aussehen würden. Dennoch sollten Sie ihn nicht dafür abstrafen, dass er ein Mann ist. So tickt er nun mal. Akzeptieren Sie diese Tatsache lieber, und überlegen Sie sich einen Weg, wie Sie ebenfalls Gefallen daran finden. Sonst verbringen Sie Ihr Leben womöglich einsam und allein.

Nehmen Sie seine sexuelle Energie an

Die beste Art, mit der ausgeprägten sexuellen Energie Ihres Mannes fertigzuwerden, besteht darin, sie anzunehmen und zu kanalisieren. Viele Frauen machen den Fehler, ihren Mann allzu oft abzuwehren. Sie beklagen sich, dass er ständig Sex will, und betrachten ihn deshalb als Menschen mit niederen Instinkten. Ihr Mann mag eine stärkere Libido haben als Sie – und Sie müssen sich nicht darauf einlassen, wenn Sie nicht wollen –, aber Sie sollten beim Neinsagen darauf achten, dass Sie ihm in Aussicht stellen, wann mit Ihnen zu rechnen ist.

Ja, auch für Sex können Sie zeitliche Absprachen treffen. Zum Beispiel so: »Schatz, ich bin im Augenblick ziemlich gestresst wegen dieses Meetings, aber heute Abend ist alles vorbei. Ich könnte mir gut vorstellen, dass ich dann gleich ohne Nachthemd zu dir ins Bett krieche. Was hältst du davon?« Das ist ganz sicher keine Zurückweisung und auch keine Blockierung seiner sexuellen Energie, sondern nur ein Umdirigieren. Immerhin beinhaltet Ihre Bitte um Aufschub ein greifbares Versprechen. Zudem haben Sie einen Zeitpunkt vorgeschlagen, zu dem Sie beide Zeit füreinander haben und sich aufeinander konzentrieren können.

Sein Interesse dauerhaft erhalten

Ihr Wissen über den männlichen Verstand und wie er funktioniert, können Sie nun zu Ihrem und dem Nutzen Ihres Mannes verwenden. Wenn Sie gezielt nach der Methode agieren, können Sie sein Interesse und seine Konzentration auf all das lenken, was Ihrer Beziehung Harmonie und Frieden schenkt. Worauf auch immer Sie sich konzentrieren, es wird sich entwickeln und stärker werden. Also bemühen Sie sich darum, dass Ihr Mann sein Augenmerk auf die positiven Dinge in Ihrer Beziehung richtet, wie zum Beispiel Sex, Freundschaft, Liebe, gutes Essen, Reisen oder was Ihnen beiden sonst noch wichtig ist.

Formen Sie seine Vorstellung von Ihnen

Positive Assoziationen sind der Schlüssel, wenn es darum geht, das Interesse Ihres Mannes an Ihnen auf Dauer zu festigen. Nörgeln Sie ständig an ihm herum, wird er sich bei Ihrem Anblick automatisch innerlich die Ohren zuhalten und Sie für lästig halten. Wenn Sie ins andere Extrem fallen, ihn pausenlos umsorgen und alles für ihn tun, was er auch selbst tun könnte, wird er Sie als eine Mutter oder Sklavin empfinden. Wenn Sie ihn dagegen als Mann behandeln, ihn all die Dinge tun lassen, die er tun will, ihm deutlich machen, wie er Ihnen Gutes tun kann, und ihm dafür Dank und Anerkennung zollen, wird er Sie als liebenswerte Partnerin betrachten. Damit ist Ihre Beziehung auf dem besten Weg ins Glück.

Seien Sie sich jedoch der Tatsache bewusst, dass ein Mann nicht nur nicht an mehr als eine Sache auf einmal denken kann, sondern sich auch nur ein einziges Bild von Ihnen macht. Und zwar obwohl Sie, wie wir alle wissen, vielschichtig und vielseitig sind. Wenn Sie sich genügend Zeit nehmen und sich bemühen, ein positives Bild von sich zu entwerfen, dann wird er in Situationen, in denen es Ihnen nicht so gut geht oder in denen Sie einen Fehler machen, nicht empfindlich reagieren. Schließlich weiß er, dass Sie eigentlich anders sind.

Sorgen Sie für sinnliche Erfahrungen, die in Erinnerung bleiben

Eine der einfachsten und genussvollsten Methoden, das Denken Ihres Mannes auf lange Sicht auf Sie auszurichten, besteht darin, ihm mit Hilfe der fünf Sinne Erfahrungen zu verschaffen, die im Langzeitgedächtnis bleiben. Laut Dr. Daniel G. Amen, Autor und Fachmann für das menschliche Gehirn und dessen Gedächtnisleistungen, sind vor allem die durch die Sinne bedingten Eindrücke, die man mit Menschen, Ereignissen oder Orten assoziiert, dafür verantwortlich, ob sie positiv oder negativ in Erinnerung bleiben.

Ein typischer Aufreißer versteht es, dieses Wissen für sich zu nutzen. Ein erfahrener Frauenheld kann Ihre Assoziationen manipulieren und Ihnen ein solches Vertrauen zu ihm einflößen, dass Sie ihn nach dem ersten Date zu sich hinaufbitten. Andererseits können Sie dieses Wissen auch im guten

Sinne verwenden, etwa um im Gehirn Ihres Mannes positive Assoziationen zu erzeugen, und zwar ohne ihn zu manipulieren oder zu kontrollieren.

Hier ein paar Erläuterungen dazu:

- **Der Geruchssinn:** Viele Studien zeigen, dass Gerüche Erinnerungen im Gehirn aktivieren. Achten Sie also darauf, welchen Duft Sie in bestimmten Momenten tragen und welche Aromastoffe Sie verwenden, wenn Sie für Ihren Mann kochen. Schließlich sollen diese nur Erinnerungen an angenehme Momente hervorrufen.
- In einer Studie der *Smell & Taste Treatment and Research Foundation* in Chicago hat man Männer im Alter von achtzehn bis vierundsechzig Jahren an dreißig verschiedenen Duftstoffen riechen lassen. Gleichzeitig hat man jeweils die Erregungszustände der Männer gemessen. Heraus kam, dass Orange, Vanille, Moschus und Lavendel die stärkste Erregung hervorrufen. Dr. Alan R. Hirsch, Neurologe, Psychiater und Gründer der Forschungseinrichtung, erklärt das Ergebnis damit, dass diese Duftstoffe die Alpha-Gehirnwellen verstärken. Dadurch entspannt sich der Mensch und wird zugleich aufmerksam, was laut Hirsch den Erregungszustand des Mannes hebt.
- Worauf warten Sie also noch? Fangen Sie am besten noch heute an, Orangen zu schälen und Vanillearoma ins Essen zu geben.
- **Der Sehsinn:** Haut zu zeigen ist die einfachste Metho-

de, die Aufmerksamkeit eines Mannes auf sich zu ziehen. Verstauen Sie also Ihre bequeme, alte Trainingshose, die Sie zu Hause jeden Tag tragen, und geben Sie sich ein bisschen Mühe. Wagen Sie den Sprung ins kalte Wasser, und ziehen Sie ein Top mit tief ausgeschnittenem Dekolleté oder ein Minikleid an. Genießen Sie es, sich für Ihren Mann schick zu machen, auch wenn gerade Montag ist. Männer wollen visuell stimuliert werden.

»Früher bin ich immer nackt im Haus herumgelaufen.
Mein Mann hat sich so sehr daran gewöhnt,
dass er gar nicht mehr auf mich reagiert hat.
Heute trage ich ein Seidenkleid, und wenn ich
es ablege, kommt er sofort in Stimmung.«

EVE (32), PHYSIOTHERAPEUTIN

- **Der Geschmackssinn:** Achten Sie darauf, dass Ihre Kosmetikartikel keinen chemischen Geschmack haben, das gilt besonders für kussechte Lippenstifte. Versuchen Sie es lieber einmal mit einem Lippenstift mit Frucht- oder Vanillegeschmack. Außerdem ist es nicht empfehlenswert, sich von Ihrem Mann den Hals küssen zu lassen, nachdem Sie Make-up aufgetragen haben. Überhaupt sollten Sie sich ihm überall, wo er Sie berühren soll, sauber und wohlschmeckend präsentieren. (Sie wissen sicher, was wir meinen.) Im Restaurant dürfen Sie gerne hin und wieder kleine Stückchen von den Leckereien auf Ihrem Teller abschneiden und ihm eine Gabel voll in den Mund schieben. Er wird Sie dafür lieben.

- **Der Hörsinn:** Bei sanfter Hintergrundmusik während des Abendessens und beim Klang Ihrer Stimme, wenn Sie Ihrem Mann liebevoll etwas Nettes sagen, bekommt er garantiert weiche Knie. Sie können außerdem spezielle Codewörter erfinden, die nur für Sie beide eine besondere Bedeutung haben.

- **Der Tastsinn:** Der menschliche Körper besitzt ein sogenanntes zellulares Gedächtnis. Die Haut behält in Erinnerung, wie sie berührt wurde und von wem. Natürlich berühren Sie einen Mann anders, wenn Sie zärtlich gestimmt sind, als wenn Sie ärgerlich sind. Bemühen Sie sich, Ihren Mann ausschließlich in einer Art und Weise zu berühren, die ihm Ihre Zuneigung und Liebe zeigt. Damit rufen Sie nicht nur positive Assoziationen hervor, sondern auch ein positives Bild von sich in seinem zellularen Gedächtnis, das ein Leben lang anhalten kann. Haben Sie vielleicht schon einmal gehört, wie jemand sagt: »Der/die verursacht mir eine Gänsehaut«? Das wäre ein Beispiel für eine zellulare Erinnerung im negativen Sinn. Achten Sie also darauf, dass Sie Ihren Mann stets im positiven Sinne berühren, das heißt mit liebevollen Gesten.

Sorgen Sie für schöne gemeinsame Erinnerungen

Je besser es Ihnen gelingt, Ihrem Mann positive Assoziationen mit Ihnen zu verschaffen, umso leichter können Sie schöne gemeinsame Erinnerungen aufbauen. Schließlich steckt bei jedem angenehmen Miteinander ein bisschen von Ihnen selbst in dem, was Sie Ihren Partner mit all seinen Sinnen erleben lassen.

Zunächst müssen Sie allerdings ein wenig Detektivarbeit leisten und herausfinden, was er früher einmal gern getan hat, wozu er aber schon lange nicht mehr gekommen ist. Machen Sie ihm dann einen entsprechenden Vorschlag. Wenn Sie zum Beispiel tief in seinem Schrank vergraben ein Paar unbenutzte Motorradstiefel finden, könnten Sie ihm vorschlagen, zu einem Motorradgeschäft zu gehen und eine Probefahrt mit einer Harley-Davidson zu machen, nur so zum Spaß. Hat er dagegen in seiner Jugend Gitarre gespielt, dann bitten Sie ihn, das gute Stück abzustauben und Ihnen etwas vorzuspielen. Es kommt nicht darauf an, ob er gut spielt oder nicht. Zeigen Sie ihm, dass Sie es nett und sexy finden, dann wird er genau das mit Ihnen in Verbindung bringen und in Erinnerung behalten.

Schaffen Sie regelmäßig Situationen, in denen er gute und schöne Dinge mit Ihnen verknüpft: Spaß, Sex, gutes Essen, freundschaftliches, friedliches Miteinander, Bequemlichkeit, aber auch Abenteuer und Abwechslung. Er wird es faszinierend und mitreißend finden, wenn Sie Ihre Routine auch einmal ändern und ihn mit spontanen Einfällen überraschen.

Wir haben Ihnen hier ein paar Anhaltspunkte aufgelistet, wie Sie Erinnerungen schaffen können:

- Unternehmen Sie etwas Extremes mit Ihrem Partner, das einen Hauch von Gefahr und Abenteuer in sich birgt, zum Beispiel eine Kajakfahrt, Fallschirmspringen oder eine Klettertour. Das Adrenalin wird Ihr Herz schneller schlagen lassen, und Sie werden sich schutzsuchend an Ihren Mann klammern. Letztlich gibt Ihnen das Abenteuer ein engeres Gefühl der Verbundenheit und schenkt Ihnen eine gemeinsame Erinnerung, die für immer bleibt.
- Wenn Sie sich noch im Anfangsstadium Ihrer Beziehung befinden, sollten Sie eine mehrtägige romantische Reise unternehmen. Das ist die optimale Möglichkeit, um das Terrain zu erkunden und auszukosten, wie es zwischen Ihnen funkt, sowie mit herrlichen gemeinsamen Erinnerungen zurückzukehren. Machen Sie Radtouren, Skitouren, Kanufahrten, was immer Ihnen an sportlicher Betätigung einfällt. Es wird Ihre Endorphine in die Höhe treiben, Sie werden sich mit völlig neuen Augen sehen und sobald wie möglich den nächsten Urlaub planen.
- Wenn Sie bereits zusammenleben, vergessen Sie nicht den besonderen Reiz eines Rendezvous. Achten Sie darauf, nicht in Routine zu verfallen. Ziehen Sie sich beispielsweise getrennt voneinander an (wobei Sie sich für

ein neues Kleid entscheiden oder, noch besser, für etwas, das Sie sonst nie tragen würden), und treffen Sie sich erst im Restaurant. Tun Sie so, als würden Sie sich gerade erst kennen lernen, machen Sie sich einen Spaß daraus, und geben Sie sich sexy. Erinnern Sie sich gegenseitig daran, wie es damals bei Ihrem ersten Rendezvous war. Tun Sie das mindestens ein Mal im Monat und immer wieder anders – Sie werden sehen, dass Ihr Partner Sie weiterhin mit den Augen verschlingt, auch wenn er Sie hin und wieder mit einer Schönheitsmaske im Gesicht, mit unansehnlichem Haar oder mit einer äußerst unsexy Badehaube ertappt.

- Wenn Sie bereits verheiratet sind, kombinieren Sie am besten all diese Ideen. Unternehmen Sie immer mal wieder etwas Abenteuerliches. Verreisen Sie zusammen. Planen Sie regelmäßig lustige, sexy Rendezvous mit unterschiedlichen Mottos. Besorgen Sie sich ein Theater- oder Konzertabonnement, und gehen Sie schön aus. Gehen Sie für solche Gelegenheiten vorher zum Friseur, kaufen Sie sich ein neues Kleid, oder tragen Sie jenes, das ihm am besten gefällt, und genießen Sie den Abend in vollen Zügen.

Wenn Sie auf solche schönen Erinnerungen zurückblicken können, dann sorgen Sie mit kleinen Auslösern dafür, dass in Ihrem Mann die positiven Assoziationen immer wieder wach werden. Haben Sie zum Beispiel eine Traumreise nach Italien gemacht, dann sprechen Sie ab und zu von diesem ganz besonderen Restaurant in Florenz. Erwecken Sie den damaligen Abend neu zum Leben, indem Sie Ihren Mann mit den Blumen auf dem Tisch, der italienischen Musik und dem duftenden Abendessen von damals überraschen. Oder ziehen Sie das Kleid an, das Sie bei Ihrem ersten Rendezvous getragen haben. Oder senden Sie ihm mit einem Lavendel- oder Moschusparfum eindeutige Signale.

Die Mantras
des Erfolgs

Handeln Sie einen Zeitpunkt aus, um
in gegenseitigem Einvernehmen wichtige Dinge
zu besprechen.

Legen Sie ihm jeweils nur eine
einzige Bitte oder Aufgabe vor, und danken
Sie ihm sofort für seine Mühe.

Festigen Sie das Interesse Ihres Mannes
an Ihnen dauerhaft, indem Sie für
besondere Erlebnisse und schöne gemeinsame
Erinnerungen sorgen.

Bedienen Sie sich aller fünf Sinne,
um Ihrem Mann positive Gefühle
in Verbindung mit Ihnen zu verschaffen.

So besiegen Sie das Anti-Bindungs-Gen Ihres Mannes (damit er Sie für immer haben will)

»Frauen können vielleicht einen Orgasmus
vortäuschen, Männer dagegen
können eine ganze Beziehung vortäuschen.«

Sharon Stone

»Die Methode bringt Ihren Mann dazu,
sich wirklich zu binden.«

Donna und Sam

Biologische Gründe für sein Verhalten

Dass Männer das Bedürfnis nach möglichst viel Sex mit möglichst vielen Frauen haben, ist eine biologische Tatsache, aber auch ein Klischee, das Frauen nur ungern hören. Frauen sind nämlich genetisch so programmiert, dass sie den Mann in ihrer Nähe behalten wollen, damit er sie und ihre Kinder beschützt und versorgt.

Rein körperlich sind Männer, im Gegensatz zu Frauen, mit den Folgen des Geschlechtsverkehrs nicht mehr befasst. Außerdem haben Männer Millionen von Spermien zur Verfügung, während Frauen pro Monat nur ein oder zwei Eier produzieren. Deswegen ist einerseits die Frau viel wählerischer, wenn es darum geht, sich einen Partner auszusuchen, andererseits kann es dem Mann nicht als Schwäche oder als Fehler angelastet werden, wenn er das nicht ist. Es ist sinnlos, sich über biologische Gegebenheiten zu ärgern, frau sollte lieber lernen, wie sie damit umgehen kann, und sie zu ihrem Vorteil nutzen.

Je schneller Sie also die Methode erlernen und ihm klarmachen können, welche Vorteile er von einer monogamen Beziehung hat, umso eher wird er auf den kurzfristigen Spaß verzichten und mit Ihnen eine feste Bindung eingehen. Natürlich gibt es auch Männer, die von sich aus irgendwann von reinen Sexabenteuern die Nase voll haben. Sie erkennen eines Tages, dass ihnen an unpersönlichem Sex, an Pornos und am Biertrinken eigentlich gar nichts mehr liegt und dass sie lieber eine Familie gründen wollen. Sie finden plötzlich Gefallen daran, jeden Morgen neben ein und derselben liebevollen Frau aufzuwachen und ein Baby, ihren eigenen Sprössling, zärtlich an den Füßchen zu packen. Wie sagte Miranda Hobbs so schön in *Sex and the City*? »Männer sind wie Taxis. Wenn sie verfügbar sind, geht bei ihnen oben ein Licht an.«

Vielleicht ist Ihrem Mann auch ein Licht aufgegangen, wenn er befindet, dass er bereit ist, mit Ihnen eine Familie zu gründen.

Achtung: Was wollen Sie wirklich?

Sie müssen entscheiden, ob Sie Ihren Partner wirklich wollen oder ob Sie nur in die Idee verliebt sind, eine Beziehung zu führen. Verbringen Sie mehr Zeit mit Tagträumereien (von einer Ehe, von Kindern), als sich mit ihm zu beschäftigen? Der auf Soziobiologie spezialisierte US-amerikanische Psychologe David Barash und die Psychiaterin Judith Eve Lipton weisen in ihrem Buch *The Myth of Monogamy* darauf hin, dass es eine Herausforderung sei, in einer monogamen Gesellschaft zu leben, wenn der Mann seiner Natur nach polygam ist. Das bedeutet, Sie müssen ihm gute Gründe dafür liefern, sich gegen diese Neigung und für eine feste Beziehung mit Ihnen zu entscheiden.

Selbst Traummänner geben zu, dass ihnen die Monogamie nicht leichtfällt. Ihre biologische Natur weckt in ihnen immer wieder den Wunsch, mit anderen Frauen zu schlafen – aber sie tun es nicht. Warum nicht? Weil ihnen die eigene Lebensgefährtin wichtiger ist als der kurzfristige Kitzel einer neuen Eroberung. Ein solcher Mann weiß, dass er riskiert, seine Frau oder Freundin zu verlieren, wenn er der Versuchung nachgibt. Und er weiß, dass es ihm mit ihr so gut geht, wie es ihm nur gehen kann, denn sie versteht sich auf die Methode und sorgt daher dafür, dass ihr Zusammenleben wunderschön ist.

Zeigen Sie ihm, warum Monogamie auch für ihn gut ist

Vorab sollten Sie wissen, dass jeder Mann Angst davor hat, seine Märchenprinzessin zu heiraten, nur um eines Tages neben einer chronisch unzufriedenen, ständig nörgelnden Nervensäge aufzuwachen und den Rest seines Lebens mit ihr verbringen zu müssen. Sobald Sie begriffen haben, dass diese Urangst jeden Mann befällt, haben Sie schon halb gewonnen. Wenden Sie die Methode an, und nehmen Sie ihm nach und nach seine Schreckensvorstellungen, seine Bindungsängste. Zeigen Sie ihm, wie schön es für ihn werden wird, für immer mit Ihnen zusammenzuleben, dann wird er eine Bindung mit Ihnen jedem Singledasein vorziehen.

>*»Warum machen alle so viel Wind um Sex?*
>*Wir sollten einfach Spaß dabei haben!«*
>
> DANNY (27), FRAUENSCHWARM

Seien wir ehrlich: Spaß ... macht eben Spaß. Monogame Beziehungen sind fast immer schwierig und problematisch, das weiß jeder. Ob Sie nun wollen oder nicht, es ist an Ihnen, Ihrem Zukünftigen zu beweisen, dass eine feste Bindung ihn nicht zwingend in Ketten legt, sondern Ihnen beiden die Möglichkeit bietet, sich ein gemeinsames Leben aufzubauen und sich darin individuell zu entwickeln. Leider sind viel zu viele Frauen der Auffassung, wenn sie erst den goldenen Ring am Finger tragen, sei der Mann ausschließlich ihr Besitz und müsse in Zukunft all ihren Ansprüchen gerecht werden. Vollkommen falsch! Genau diese Art Verhalten sorgt dafür, dass Männer vor der Ehe zurückschrecken und davonlaufen.

Der Erzfeind einer jeden Bindung: freier Sex

Männer gehen auch deshalb nur sehr zögerlich feste Bindungen ein, weil sie Sex heutzutage auch ohne jede Verpflichtung haben können, was ihrem Anti-Bindungs-Gen sehr entgegenkommt, statt ihm entgegenzuwirken. Früher musste man heiraten, um miteinander ins Bett gehen zu dürfen.

Heutzutage ist das anders, und die Frauen machen es den Männern zudem oft leicht. Dank der Pille praktizieren sie Sex ebenso frei wie Männer, weshalb diese noch weniger Grund haben, sich einer Frau allein zu verpflichten.

Achtung: Sein Anti-Bindungs-Gen

Der Mann ist genetisch darauf programmiert, mit möglichst vielen Frauen Sex zu haben. Damit ein Mann gegen diese genetische Programmierung handelt, müssen Sie ihm etwas verheißen, das ihm noch wichtiger ist als seine sexuelle Freiheit.

Es fällt Männern schwer, etwas als wertvoll zu betrachten, das sie leicht bekommen können, auch wenn es eine Frau ist, auch wenn es Sie sind. Wenn sich Ihr Partner also nicht in dem Maße an Sie bindet, wie Sie es gern hätten, dann fragen Sie sich selbst: »Was bekommt er denn so alles ohne Gegenleistung von mir?« Nur wenn Sie das, was Sie ihm geben, wertvoll machen, wird es auch für ihn wertvoll.

Wie man einen Mann dazu bringt, sich zu binden: Phase 1

Sie müssen das Anti-Bindungs-Gen Ihres Partners nicht fürchten, wenn es Ihnen gelingt, ihm diese Angst zu nehmen und ihn zu der Einsicht zu bewegen, dass Sie es wert sind, auf gelegentliche Sexabenteuer zu verzichten, weil die feste Beziehung zu Ihnen ihm mehr gibt und ihm deshalb viel bedeutet.

Dieses Ziel können Sie erreichen, indem Sie die folgenden fünf Schritte befolgen:

- Zuerst müssen Sie sich selbst darüber klar werden, welche Art von Beziehung und damit welchen Grad an Verpflichtung Sie sich überhaupt wünschen. Möchten Sie einen festen Freund, eine Ehe, Kinder oder nur einen gelegentlichen Liebhaber? In welchem Stadium Ihres Lebens befinden Sie sich gerade, und was wollen Sie?
- Erst wenn Sie diese Fragen für sich geklärt haben, können Sie konkrete Wünsche an einen Mann herantragen und sehen, ob er bereit ist, sie Ihnen zu erfüllen.
- Seien Sie eine von den Frauen, denen ein Mann Treue geloben kann, weil er keine Angst haben muss, einem Hausdrachen in die Falle zu gehen. Seien Sie jedoch keinesfalls zu frei und zu leicht zu haben, weil auch das einen Mann abschreckt. Schließlich möchte er sich sicher sein können, dass Sie seine Treue erwidern. Sie müssen also zunächst wissen, was Ihren Wert als zuverlässige Partnerin ausmacht.

*»Ich bin jetzt neunzehn Jahre glücklich verheiratet.
Dafür musste ich allerdings zur Frühaufsteherin werden,
denn mein Mann ist am Vormittag in Höchstform.
Nachdem wir uns kennen gelernt hatten, gewöhnte
ich mir an, früh aufzuwachen und die Vormittage
mit ihm zu genießen. Ich habe es keine Sekunde bereut
und finde bis heute, dass es ein geringer Preis war.«*

LAUREL (41), HERAUSGEBERIN

- Veranschaulichen Sie ihm sämtliche guten Gründe, warum er gegen seine biologische Veranlagung eine feste Bindung mit Ihnen eingehen sollte.
- Lehnen Sie alles ab, was Sie in einer Beziehung nicht haben wollen. Wenn Sie sich eine Ehe wünschen, dann sollten Sie sich nicht mit Playboys und Schürzenjägern treffen, die bloß auf unverbindliche Abenteuer aus sind. Verhalten Sie sich lieber wie eine Frau, die eine gute, zuverlässige Partnerin sein kann. Wenn Sie eine feste Beziehung haben und sich Kinder wünschen, Ihr Partner aber mehr nach dem Motto *Sex, Drugs and Rock'n'Roll* leben will, dann müssen Sie diesen Punkt unbedingt klären, bevor Sie mit der Familienplanung anfangen.

Bei allem aber gilt: Haben Sie Geduld, und lassen Sie ihm Zeit.

Wie man einem Mann
die Bindungsangst nimmt

Finden Sie zunächst heraus, welche Ängste Ihren Mann davon abhalten, sich fest an eine Frau zu binden, um sie ihm dann gezielt zu nehmen. Wenn er beispielsweise befürchtet, dass er nie wieder einen Männerurlaub machen könne, dann lassen Sie gezielt die Bemerkung fallen: »Also ich finde es toll, dass Jeff und Sarah immer mal wieder getrennt voneinander Urlaub machen. Schön, wenn man so viel Vertrauen zueinander hat und jeder eine Zeit lang für sich sein kann.«

Wir haben hier noch ein paar andere typische Befürchtungen von Männern gesammelt und um unsere Vorschläge ergänzt, wie Sie diese gekonnt zerstreuen können:

- **Er wird nie mehr seine Ruhe haben und in Frieden gelassen werden.**
  Sie sagen: »Manchmal genieße ich es direkt, wenn mal ein Weilchen keiner etwas sagt. Zum Beispiel in Ruhe und Frieden Zeitung zu lesen, das finde ich richtig entspannend.«

- **Sie werden all sein Geld ausgeben, bis er pleite ist.**
  Sie sagen: »Ich verstehe gar nicht, wie manche Frauen ihr Geld so unüberlegt zum Fenster hinauswerfen können. Ich mache mir lieber einen Haushaltsplan, dann gibt es keine bösen Überraschungen.«

- **Sie werden nie glücklich mit ihm sein.**

  Sie sagen: »Einfach mit dir zusammen zu sein ist so schön. Ich könnte platzen vor Glück.«

- **Sie werden ihn knechten.**

  Sie sagen: »Schatz, du warst schon eine ganze Weile nicht mehr mit deinen Freunden weg. Ruf sie doch einfach mal an, und triff dich mit ihnen.«

- **Er wird sein Leben lang an ein übergewichtiges, schlecht gelauntes Monster gekettet sein.**

  Sie sagen: »Ich mache schon eine Zeit lang jeden Vormittag Gymnastik, ich will nämlich ein Leben lang in Form bleiben. Gefällt dir das Ergebnis?«

- **Er wird nie wieder rülpsen, furzen oder Pornofilme ansehen dürfen.**

  Sie sagen: »Hui, ich glaube, ich habe gerade gepupst. Lass mich mal kurz das Fenster aufmachen.«

Wie man einen Mann dazu bringt, sich zu binden: Phase 2

Wenn Sie es schon über mehrere Monate hinweg mit diesen fünf Schritten versucht haben und Ihr Partner sich Ihnen gegenüber noch immer unverbindlich verhält, dann wird es Zeit, in die nächste Phase überzugehen.

Dazu schlagen wir die folgenden drei Schritte vor:

- Setzen Sie sich selbst ein inneres Ultimatum.
- Konzentrieren Sie sich auf sich selbst und auf Ihre eigene Zukunft.
- Wenn alles nichts nützt, wird es Zeit für die gefürchtete Aussprache mit ihm – allerdings auch das nach der Methode.

Wie sehen diese drei Schritte nun im Detail aus?

Setzen Sie sich ein inneres Ultimatum

Viele Frauen warten bis zum Sankt Nimmerleinstag darauf, dass ihrem Partner das berühmte Licht aufgeht. Jetzt ist er bald so weit, denken Sie womöglich, oder »vielleicht an meinem Geburtstag«, wenn Sie mitbekommen, dass er Ihnen einen funkelnden Ring schenken will. Oder Sie hoffen, sofern der erträumte Diamantring schon an Ihrem Finger steckt, dass er jederzeit auf den Gedanken mit dem goldenen Ring kommen müsste. Selbst wenn Sie schon monatelang oder gar jahrelang mit Ihrem Partner zusammen sind: Wenden Sie die Methode an, und es könnte Sie ans Ziel Ihrer Träume bringen.

Achtung: Ihre feste Beziehung ist keine, solange er es nicht ausspricht

Wenn Sie auf eine feste Beziehung mit gegenseitigem Treueversprechen aus sind, denken Sie immer daran: Auch wenn Sie das Gefühl haben, Ihre Beziehung sei verbindlich, solange Ihr Partner dies nicht ausdrücklich ausspricht, ist sie es nicht.

Glücklicherweise gibt es einen Weg, das Anti-Bindungs-Gen Ihres Partners zu beeinflussen, ohne auch nur ein Wort zu sagen. Und es wirkt Wunder! Wir nennen diesen Schritt das »innere Ultimatum«. Überlegen Sie sich genau, was Sie wollen (also welche Bedingungen für Sie erfüllt sein müssen, damit Sie dauerhaft in Ihrer Beziehung bleiben wollen). Setzen Sie sich dann eine zeitliche Frist, und nehmen Sie sich vor, Schluss zu machen, wenn Sie bis dahin nicht das bekommen, was Sie wollen. Falls Ihr Partner die Ziellinie nicht erreicht, können Sie ihn, bevor Sie ihn endgültig verlassen, als letzte Möglichkeit über Ihr inneres Ultimatum aufklären (aber das ist meistens gar nicht nötig).

Das innere Ultimatum

Eine stillschweigende Abmachung mit sich selbst darüber, wie viel Zeit man einer unverbindlichen Beziehung noch geben will und wie viel man dem Partner in emotionaler, geistiger, sozialer und sexueller Hinsicht zu geben bereit ist, ohne dass er sich so verpflichtet, wie man es gerne hätte.

Wenn er über diese Zeitgrenze hinaus unverbindlich bleibt oder mehr will, als man zu geben bereit ist, zieht man die Konsequenzen und beendet die Beziehung. Schließlich gibt es genügend andere Männer.

Dieses innerliche Ziehen einer Grenze ist eine machtvolle Angelegenheit. Es wirkt, auch wenn Sie es nur gedanklich tun, denn Männer haben einen sechsten Sinn dafür, wann bei einer Frau das Ende der Fahnenstange erreicht ist und sie sich entschließt zu gehen. Sobald Sie einen Zeitrahmen definiert haben, halten Sie daran auch fest! Verharren Sie nicht in einer Beziehung, bei der Sie kein gutes Gefühl haben, nur, um eine Beziehung zu haben.

Wir haben schon oft erlebt, dass Frauen ihre eigenen Vorstellungen und Wünsche immer mehr zurückschrauben, nur um mit einem Mann zusammenzubleiben. Damit tun sie jedoch nur sich selbst weh. Jedes Mal, wenn Sie einem Mann zuliebe ein Versprechen brechen, das Sie sich selbst gegeben haben, tun Sie es aus Angst, nicht aus Selbstvertrauen. Sie haben Angst vor dem Alleinsein, aber das müssen Sie nicht. Sagen Sie sich lieber, dass dieser Mann nicht der Richtige für Sie war und dass Sie nur so die Möglichkeit haben, einen Mann kennen zu lernen, der Ihnen das geben kann, was Sie sich von Herzen wünschen.

Konzentrieren Sie sich auf sich selbst

Manche Frauen machen einen Mann komplett zum Mittelpunkt ihres Lebens und vergessen darüber, dass sie vor dieser Beziehung auch schon ein Leben hatten. Sollten Sie bemerken, dass Sie in dieser Falle festsitzen, dann besinnen Sie sich auf Ihre alten Träume und Ziele. Sie hatten einmal vor, eine bestimmte Ausbildung zu machen? Dann fangen Sie an, nach einer geeigneten Ausbildungsstätte zu suchen. Oder planen Sie einen Urlaub, den Sie immer schon mal machen wollten. Mit anderen Worten: Stellen Sie sich Ihre Zukunft in leuchtenden Farben vor. Auf diese Weise werden Sie nicht in ein dunkles Loch fallen, falls sich Ihre Beziehung tatsächlich als Blindgänger erweisen sollte. Sie haben dann bereits die Grundlage geschaffen, ohne Ihren Partner weiterzuleben.

Das letzte Mittel: die gefürchtete Aussprache

Egal, wie lange Sie schon mit Ihrem Mann zusammen sind – wenn er Ihnen nicht die Verbindlichkeit und Zuverlässigkeit schenkt, die Sie sich von ihm wünschen, dann ist wohl oder übel eine Aussprache fällig. Leider kann so etwas, wenn es falsch angepackt wird (und das ist meistens der Fall), katastrophale Folgen haben. Wenn Sie ihm Vorwürfe machen, fühlt sich ein Mann in die Ecke gedrängt und wird dann sehr wahrscheinlich versuchen, sich dem Druck zu entziehen, indem er ausweicht oder flieht.

Also stellen Sie ja nicht den kleinen Jungen in ihm in die Ecke, indem Sie Dinge von ihm verlangen, die er Ihnen nicht geben kann, sondern nutzen Sie die Methode, und wenden Sie sich an den Mann in ihm.

Das erste Gespräch

Wenn Sie wirklich die Wahrheit darüber erfahren wollen, wie Ihr Partner die Beziehung mit Ihnen sieht (was Ihr gutes Recht ist), dann denken Sie daran, dass er es als Bedrohung empfindet, wenn Sie von ihm sofort eine Antwort einfordern. Er hat dann automatisch das Gefühl, in der Falle zu sitzen, und schaltet in den Kampf-oder-Flucht-Modus. Überlegen Sie sich lieber einen lockeren Rahmen, und fragen Sie ihn, wann es ihm passe, über Ihre Beziehung zu reden.

Zum vereinbarten Zeitpunkt an einem geeigneten Ort (auf gar keinen Fall im Bett, weder vor noch nach dem Sex) fangen Sie das Gespräch am besten an, indem Sie ihn beruhigen und ihm erklären, dass Sie nicht sofort eine Antwort von ihm erwarten. Lassen Sie ganz entspannt die Bemerkung fallen, dass Sie es sehr schön mit ihm finden oder dass Ihnen die Beziehung viel bedeutet. Erwähnen Sie dann, dass Sie gern die Gelegenheit wahrnehmen und mit ihm ein bisschen darüber plaudern möchten, was er von einer Frau erwarte und ob er auf eine feste Beziehung mit Ihnen aus sei. Sagen Sie ihm dabei aber nicht, dass Sie sich etwas Verbindliches wünschen, denn das würde ihn bloß unter Druck setzen. Fragen Sie ihn lieber nach seinen Vorstellungen, welche Art von Beziehung er sich wünscht.

> *»Ich habe den größten Horror davor, dass*
> *eine Frau mich nach viel zu kurzer Zeit schon fragt,*
> *wie ich zu ihr stehe. Das weiß ich doch noch*
> *gar nicht. Ich bin ja erst dabei, sie kennen zu lernen.«*
> GREG (35), VERKAUFSMANAGER

Das Wichtigste dabei ist: Sagen Sie nichts weiter, sondern geben Sie ihm Zeit, in Ruhe über alles nachzudenken. Hören Sie sich dann ruhig und gelassen an, was er zu sagen hat, um zu prüfen, ob es zu Ihren eigenen Vorstellungen passt. Fragen Sie ihn dann, wann es ihm passe, weiter über dieses Thema zu reden, und warten Sie ab, bis er sich eine Antwort überlegt hat. Vergessen Sie nicht, sich selbst treu zu bleiben, indem Sie ihm die Vorteile klarmachen, die es für ihn hat, wenn er sich auf eine dauerhafte Beziehung mit Ihnen einlässt.

Die Wartezeit

Während Sie auf die Antwort Ihres Partners warten, sollten Sie sich auf sich selbst konzentrieren. Bereiten Sie sich seelisch darauf vor, andere Männer kennen zu lernen. Vereinbaren Sie einen Termin zur Maniküre und beim Friseur. Gehen Sie öfter mit Bekannten und Freunden aus, ohne Ihren Partner zu fragen, ob er mitkommen möchte. Werden Sie unabhängiger, selbständiger, weniger berechenbar. Das wird Ihren Partner zum Nachdenken und zum Handeln bringen, ohne dass Sie sich als Antreiberin betätigen.

Er wird Sie plötzlich vermissen. Und er wird sich fragen, ob sich etwa ein anderer Mann für Sie interessiert. Er wird anfangen zu fürchten, dass ihm ein anderer zuvorkommen könnte, wenn er Sie sich nicht dauerhaft sichert, und ihm die Frau seiner Träume durch die Lappen ginge. Auf diese Weise wird er – von Ihnen klug provoziert – selbst die Entscheidung treffen, Ihnen eine dauerhafte Verbindung anzutragen. Er muss zu dem Schluss kommen, dass Sie es wert sind, sich Ihnen in einer dauerhaften Beziehung zu verpflichten.

Auf gar keinen Fall dürfen Sie in dieser Phase klammern. Das hat nämlich zwei mögliche Folgen, von denen keine gut ist: Ihr Partner wird sich entweder *gezwungen* sehen, bei Ihnen zu bleiben, ob er nun will oder nicht, oder Sie werden ihn, und das ist noch schlimmer, mit Ihrem Verhalten vertreiben, weil er befürchtet, sich zu Ihrem Sklaven zu machen.

Wenn Sie sich dagegen an die Methode halten, stehen die Chancen gut, dass Sie Ihr Ziel erreichen, bevor Ihr inneres Ultimatum abgelaufen ist. Herzlichen Glückwunsch!

Das Folgegespräch

Sollte Ihr Ultimatum verstreichen, ohne dass Ihr Mann ein Wort darüber verloren hat, wie er sich die Beziehung mit Ihnen vorstellt, und er mit Ihnen auch keine Pläne für das nächste Wochenende gemacht hat, dann bleibt Ihnen nur der letzte Versuch: Sie müssen ihm einen Schuss vor den Bug versetzen, indem Sie ihm von Ihrem inneren Ultimatum erzählen.

Sagen Sie ihm klipp und klar, unter welchen Bedingungen Sie die Beziehung mit ihm weiterführen wollen, und setzen Sie ihm eine Frist. »Ich wäre so glücklich, wenn wir eine gemeinsame Zukunft hätten. Es liegt mir sehr viel daran, daher möchte ich uns noch ein paar Wochen/Monate geben und abwarten, was passiert.« Danach seien Sie still, und warten Sie ab, wie er reagiert. Wenn sich in absehbarer Zeit nichts ändert, geben Sie ihm den Laufpass.

Natürlich wird das nicht leicht – aber zum Glück haben Sie sich schon ein wenig darauf vorbereitet, andere Männer kennen zu lernen, da Sie unabhängiger geworden sind. Immerhin gibt es nicht nur einen Mann auf diesem Planeten. Verschwenden Sie Ihre kostbare Zeit und Energie nicht auf einen Menschen, der Ihnen nicht das geben kann, was Sie sich wünschen.

Lassen Sie sich nicht aufs Glatteis führen

Erst wenn Sie sich gegenseitig ausdrücklich versichert haben, dass Sie es ernst meinen und eine dauerhafte Beziehung wollen, und Sie sich darüber hinaus auch darüber einig geworden sind, was das bedeutet, können Sie von einer festen Bindung sprechen. Indizien oder versteckte Hinweise, die Ihnen ein sicheres Gefühl geben, zählen nicht.

Männer bringen es nämlich fertig, sich so zu verhalten, als wollten sie nie wieder eine andere Frau anschauen, dabei machen sie Ihnen nur etwas vor. Sie können völlig aufrichtig das L-Wort benützen: »Ich liebe es, wie du dich bewegst«, oder sogar Pläne für eine gemeinsame Zukunft schmieden: »Was hältst du von einer Reise nach Paris? Wie wäre es dir lieber, im Frühling oder im Herbst?« Das klingt erst mal gut, doch leider müssen Sie am Ende feststellen, dass Männer einfach alles sagen oder tun, um Sie ins Bett zu locken, einschließlich der Verwendung des L-Wortes, in dem Wissen, dass es Frauen mehr bedeutet als ihnen.

*»Ich versuche, jede Frau, die mir gefällt,
ins Bett zu bekommen. Wenn sie meinen Avancen
widersteht und nicht zu überreden ist,
dann weiß ich, dass sie etwas Besonderes ist.«*
JAKE (26), WERBEFACHMANN

Sollten Sie also nach sechs Monaten Beziehung, die Ihnen durchaus fest vorkommt, weil Sie ständig zusammen sind, dieses heikle Thema anschneiden, kann es durchaus sein, dass er entgegnet: »Ich dachte, wir haben einfach nur ein bisschen Spaß zusammen!«, und sich hastig zurückzieht.

In diesem Fall ist es nicht schade darum, wenn er auf Nimmerwiedersehen verschwindet. Es gibt allerdings auch keinen Grund, ihm böse zu sein, schließlich ist er nur seiner Natur gefolgt. Das bedeutet, dass die Männer uns Frauen hinhalten, solange sie nur können ... und solange wir es zulassen. Genau aus diesem Grund ist es so wichtig, dass Sie sich ein inneres Ultimatum setzen.

FALLSTUDIE: **Susan und Ken**

Susan hatte seit vier Monaten eine scheinbar feste Beziehung mit einem Mann, der ihr wie der Traummann schlechthin erschien. Er sah gut aus, war erfolgreich und äußerst großzügig. Sie unternahmen viele Dinge gemeinsam, wie ein Ehepaar, zum Beispiel kauften sie eine Couch für seine Wohnung, sahen sich französische Filme an und machten an den Wochenenden lange Spaziergänge am Strand. Außerdem rief Ken Susan immer an (er schickte keine SMS), um sich mit ihr zu verabreden. Susan wusste tief in ihrem Inneren, dass sie eine feste Liebesbeziehung mit ihm wollte, die darauf hinauslief, eines Tages zu heiraten. Sie hörte irgendwann sogar auf, sich mit anderen Männern zu verabreden, denn die Beziehung mit Ken schien ihr das einzig Wahre.

Ken dagegen hatte noch nie ein Wort in dieser Richtung geäußert. Susan wollte ihn nicht mit einem bedeutungsschweren Gespräch in die Flucht schlagen, aber sie musste einfach wissen, wie Ken zu ihr stand und ob das Ganze für ihn vielleicht nur ein unverbindlicher Spaß war.

Sie beschloss, sich nicht in Ängste hineinzusteigern und niemanden mit ihren Sorgen zu belästigen, sondern sich im Gegenteil als eine Frau zu präsentieren, mit der ein Mann gerne sein Leben verbringen will. Also war sie sehr aktiv, pflegte ihre Schönheit und gewann an positiver Ausstrahlung. Ken fielen diese Veränderungen auf, und bald wünschte er sich, eine noch größere Rolle in ihrem Leben zu spielen. Er begann, noch mehr Anteil an allem zu nehmen, was sie betraf, und sicherte sich ihre freien Abende rechtzeitig. Dann kam der Tag, als er ihr beim Abendessen von der bevorstehenden Hochzeit seines Bruders erzählte und sie bat, ihn zu den Feierlichkeiten zu begleiten.

»Als was denn?«, fragte sie zurückhaltend. »Als deine Mitarbeiterin?«

»Nein, als meine … feste Freundin«, erwiderte er mit einem Lächeln.

»Bedeutet das, du möchtest eine feste Beziehung mit mir?«, erkundigte sie sich.

»Ja«, antwortete Ken strahlend, denn er hatte den Entschluss längst von sich aus gefasst.

Susan war glücklich, und sie konnte es kaum abwarten zu erleben, wie Ken sich gegenüber seiner Familie verhielt und wie sie miteinander umgingen. Sie wusste, dass sie daran erkennen würde, ob er der Typ Mann war, mit dem sie sich vorstellen konnte, eine Familie zu gründen.

Dies ist ein gutes Beispiel dafür, wie Sie aus einer scheinfesten eine verbindliche Beziehung machen können.

Die Quintessenz daraus lautet: Ein Mann kann nur dann ein verbindliches Verhältnis mit einer Frau eingehen, wenn sie es ihm wert ist. Also seien Sie es ihm wert, indem Sie aktiv, optimistisch, fröhlich, unkompliziert und offen sind, und beweisen Sie ihm so, dass man gut mit Ihnen auskommen kann.

Die Mantras des Erfolgs

Von Natur aus sind Männer Jäger.
Sobald jedoch Sie ins Spiel kommen, sorgen
Sie mit Ihrem Verhalten, einschließlich
der innerlich gezogenen Grenzlinie, dafür,
dass er irgendwann den Wunsch verspürt,
mit dem Vagabundieren aufzuhören
und eine Familie zu gründen – mit Ihnen.

Machen Sie sich klar, was Sie von einem Mann
wollen und bis wann Sie es wollen, und setzen
Sie sich ein inneres Ultimatum. Wenn er nicht
bereit ist, es Ihnen zu geben, dann beenden Sie
die Beziehung. Bleiben Sie unbedingt hart!

Wenn ein Mann nach einer gewissen Zeit keine
feste Beziehung mit Ihnen eingehen möchte,
halten Sie nicht an ihm fest! Es gibt genügend
andere Männer auf der Welt.

Wie Sie das Herz eines Mannes gewinnen

So bringen Sie Ihren Partner dazu, »Ich liebe dich« zu sagen (ohne in Panik zu geraten)

»Wenn eine Frau ›*Ich liebe dich*‹ zu mir sagt,
habe ich das Gefühl, sie setzt mir
die Pistole auf die Brust. Was kann man
darauf schon antworten außer das,
was sie hören will: ›*Ich liebe dich auch*.‹«

Kurt Vonnegut Junior

»Die Methode kann einen Mann dazu bringen,
als Erster ›*Ich liebe dich*‹ zu sagen
und es für seine eigene gute Idee zu halten.«

Donna und Sam

Das Warten auf die drei magischen Worte

Ist es um Sie geschehen? Ihr Puls rast, wenn Sie nur an ihn denken, und Sie sehnen sich danach, dem Mann, der Sie innerlich zum Jubilieren bringt, Ihre Liebe zu gestehen? Vielleicht kommt Ihnen aber auch der Gedanke, lieber zu warten, bis er es zuerst sagt, weil diese drei magischen Worte dann noch viel süßer klingen? In dem Fall können wir Ihnen nur Recht geben.

Natürlich bringen Sie die Ungewissheit und das Warten schier um den Verstand. Das dringende Bedürfnis, »Ich liebe dich« zu ihm zu sagen, baut in Ihnen einen Druck auf wie in einem Dampftopf, der jederzeit explodieren kann.

Was soll frau da tun?

Ganz einfach: sich zurückhalten und schweigen, jawohl!

Warum Sie besser nichts sagen

»Warum soll ich erst mal nichts sagen?«, werden Sie sich jetzt fragen. Ganz einfach: weil es so viel schöner ist, wenn dieser Schritt von Ihrem Partner ausgeht. Die meisten Männer, die wir befragt haben, haben uns das bestätigt. Wenn Sie einen Mann schon nach den ersten zehn Tagen verlieren wollen, wenn Sie wollen, dass er sich fühlt wie in dem Gemälde »Der Schrei« von Edvard Munch, dann sprechen Sie einfach nur das Wort »Liebe« aus, bevor er so weit ist. Sie können sicher sein, dass er Hals über Kopf das Weite suchen wird.

Leider sind wir Frauen oft geneigt, zu schnell von Liebe zu reden. Das ist zwar nicht ganz unsere Schuld, denn wie schon erwähnt, wird die Frau durch ihre Natur dazu getrieben, sich rascher an einen Mann zu binden als umgekehrt. Was also tun? Sich die Methode zunutze machen natürlich.

Wie Sie sich erinnern, zwingt eine in der Methode versierte Frau einen Mann zu nichts. Stattdessen nützt sie die natürliche Neigung des Mannes, einer Frau gefallen und ihr Gutes tun zu wollen (vorausgesetzt, er ist weder ein unreifer Junge noch ein Schürzenjäger). Wenn Sie es richtig anstellen, dann wird er wissen – sofern die Zeit für ihn reif ist –, dass er Sie mit einer Liebeserklärung in den siebten Himmel heben kann.

Natürlich können Sie jetzt einwenden: Leben wir nicht inzwischen im einundzwanzigsten Jahrhundert? Wieso soll ich einem Mann nicht sagen, dass ich ihn liebe? Was ist daran nicht in Ordnung, wenn eine Frau als Erste »Ich liebe dich« sagt? Tun Sie, was Sie nicht lassen können. Aber solange er es nicht selbst gesagt hat, hat er den Gedanken noch nicht gefasst, was bedeutet, er wird sich überrumpelt vorkommen und die Notbremse ziehen. Wir können das verbrannte Gummi geradezu riechen.

Wenn Sie sein Anti-Bindungs-Gen außer Kraft setzen wollen, dann ist die Wahl des richtigen Zeitpunkts extrem wichtig. Daher gilt: Warten Sie ab. Glauben Sie uns, wir haben

schon von zu vielen Frauen gehört, dass ihre Beziehung gescheitert ist, weil sie zu früh von Liebe geredet haben. Oft
ernteten sie ein verlegenes »Danke schön« oder gar die Antwort, »Huch, ist das nicht ein bisschen zu früh?«, oder, noch
schlimmer: »Hey, ich dachte, wir wollten uns nur ein bisschen amüsieren.«

Autsch.

Achtung: Vermeiden Sie es, ihn in die Enge zu treiben

Wenn Sie zu früh von Liebe sprechen, setzen Sie
ihn unter Druck. Er empfindet das nämlich nicht als
ein Zeichen liebevoller Zuneigung, sondern als Ausdruck von Ungeduld und Zwang. Außerdem fühlt er
sich aufgefordert, die Liebeserklärung zu erwidern,
obwohl er von sich aus womöglich noch nicht so
weit ist, und das hieße für ihn, Ihnen entweder etwas
vorzumachen oder sich selbst in Schwierigkeiten zu
bringen.

Wenn Sie je gehört haben, dass eine solche Situation gut
ausgegangen ist, dann war das die große Ausnahme von
der Regel. Wir empfehlen Ihnen, auf Nummer sicher zu gehen und nicht darauf zu setzen, sondern sich an die Regel
zu halten.

Warum Frauen Sex mit Liebe verwechseln

Wie Sie inzwischen wissen, sind Frauen, was Sex und Liebe betrifft, anders gestrickt als Männer. Wie der amerikanische Komiker und Schauspieler Billy Chrystal einst sagte: »Frauen brauchen einen Grund für Sex. Männer brauchen nur einen ruhigen Ort.« Die Wahrheit ist, dass Sex bei Frauen andere emotionale Nachwirkungen hat als bei Männern, was daran liegt, dass der weibliche Körper das Hormon Oxytocin ausschüttet, das Wissenschaftler auch »Kuschelhormon« nennen.

Studien der University of California in San Francisco haben ergeben, dass eine Frau sich wegen dieser Hormonausschüttung emotional umso stärker an einen Mann gebunden fühlt, je öfter sie mit ihm Sex hat. Das Oxytocin wirkt wie eine Art Liebesdroge, die es einer Frau schwer macht, sich von einem Mann zu trennen, auch wenn sie (und jeder andere) weiß, dass er für sie nicht der Richtige ist. Was sie für Liebe, Lust oder sonst ein Gefühl des Zueinander-Gehörens hält, ist bloß dieses Hormon, das ihr ein Glücksgefühl verschafft, wann immer sie Sex mit ihm hat, ihn ansieht, seinen speziellen Duft riecht oder am Anrufbeantworter zwanzig Mal hintereinander seiner Stimme lauscht.

Sobald Sie sich einem Mann verbunden fühlen, sollten Sie etwas strenger zu Ihrem Oxytocin sein und sich von dem Hormon nicht zu Dummheiten hinreißen lassen. Bremsen Sie sich, bevor Sie einen Mann mitten in der Nacht anrufen, und fragen Sie sich: Bin ich das, oder sind das nur meine Hormone? Im Zweifelsfall legen Sie den Hörer wieder auf, und warten Sie ab. Und zwar mindestens zweiundsiebzig Stunden, also drei volle Tage.

Die Zweiundsiebzig-Stunden-Regel

Bevor Sie mit irgendwelchen Gefühlsäußerungen herausplatzen, beherzigen Sie die Zweiundsiebzig-Stunden-Regel. Sie besagt, dass es drei volle Tage dauern kann, bis der Körper eine Suchtsubstanz komplett ausgeschieden hat (und die Entzugserscheinungen abgeklungen sind). Wenn Sie also das brennende Verlangen verspüren, einem Mann näher zu sein, ohne zu wissen, ob er überhaupt der Richtige für Sie ist, dann warten Sie drei Tage ab, bevor Sie ihn kontaktieren (das gilt selbstverständlich auch für Facebook!). Nur wenn Sie sich drei ganze Tage lang beherrschen, können Sie sich entgiften, das heißt, den Hormonspiegel normalisieren, so dass Sie zu einer vernünftigeren Entscheidung fähig sind.

Wird er je damit herausrücken?

Naturgemäß müssen Frauen meistens eine Zeit lang in der Warteposition ausharren. Wollen Sie diesen Vorgang abkürzen, dann fangen Sie an, bei dem Mann Ihres Begehrens die

Methode einzusetzen. Damit inspirieren Sie ihn dazu, die magischen drei Worte aus eigenem Antrieb zu sagen, anstatt ihm die Pistole auf die Brust zu setzen. Zuerst müssen Sie ihm die Sicherheit geben, dass Sie weder durchdrehen (wie manche Frauen es tun) noch sich in dem Glauben, dass er jetzt der Ihre sei, auf ihn stürzen und plötzlich anfangen zu klammern oder Ansprüche zu stellen. Ihr Liebster muss wissen, dass er ein freier Mensch bleibt, der sich ohne jeden Zwang bindet, auch wenn er eine verbindliche Beziehung mit Ihnen eingeht und Ihnen gesteht, dass er Sie liebt.

Achtung! Es gibt auch Männer, die haben kaum angefangen, mit einer Frau auszugehen, da sagen sie bereits die drei magischen Worte. Natürlich würden wir nur zu gern glauben, dass es die Liebe auf den ersten Blick tatsächlich gibt. Leider stellt sich jedoch immer wieder heraus, dass manche Männer mit den Gefühlen von Frauen nur spielen. Sie haben gelernt, welche Macht diese drei Worte haben, und wissen, dass sie eine Frau auf diese Weise schneller ins Bett bekommen als mit der Behauptung, sie hießen George Clooney.

Die Wissenschaft bestätigt dies übrigens. Mehrere Studien haben bewiesen, dass mehr Männer als Frauen »Ich liebe dich« sagen, ohne es auch so zu meinen, und das mit einem einzigen Ziel: Sex.

> Wir müssen an dieser Stelle leider konstatieren, dass die drei Worte nicht jedem heilig sind. Wenn Sie also das Gefühl haben, dass Ihnen ein »Ich liebe dich« zu schnell entgegenschallt, um wahr zu sein, dann ist es mit Sicherheit nicht ehrlich gemeint.

Beachten Sie, dass es nicht das Ziel ist, den falschen Mann zu manipulieren, damit er denkt, er liebt Sie. Es geht vielmehr darum, dem richtigen Mut zu machen, zu seinen Gefühlen zu stehen und sie Ihnen mitzuteilen – allerdings erst, wenn er so weit ist.

FALLSTUDIE: **Amy**

Nach neun langen Monaten des Wartens auf ein Liebesgeständnis ihres Freundes hatte die Schauspielerin Amy (39) die Nase voll. »Was ist nur mit ihm los?«, fragte sie uns. Schließlich war sie erfolgreich, äußerst attraktiv und talentiert. Sie konnte beim besten Willen nicht verstehen, warum er die drei kleinen Worte nicht über die Lippen brachte. Dabei hätte die Frage eigentlich lauten müssen: Welche Verzweiflung strahlte sie aus, die ihn vor einem Liebesgeständnis zurückschrecken ließ?

Wir rieten ihr, die Situation umzukehren und sich rar zu machen. Also flog sie für zwei Wochen nach London, um ihre Familie zu besuchen. Sie schaltete ihr Handy aus und las auch keine E-Mails. Sie war schlicht nicht erreichbar.

Als sie ein paar Tage später ihr Handy einschaltete, entdeckte sie eine SMS von ihrem Freund mit den drei einfachen Worten:

»Ich vermisse dich.« Das war zwar nahe dran, aber noch nicht ganz das Gewünschte. Sie schrieb zurück: »Warum vermisst du mich?« Wenige Stunden später las sie mit großen Augen seine Antwort: »Weil ich dich liebe. Bitte komm bald nach Hause.«

Wenn frau sich eine Zeit lang der Verfügung des Mannes entzieht, regt das seinen Jagdinstinkt an, und er erkennt, wie sehr er an seiner Partnerin interessiert ist. Diese Taktik führt immer zum Ziel, denn sie bewirkt die Ausschüttung von Dopamin und Testosteron. Da ihn beides aktiviert, unternimmt er etwas, um die Beziehung zu vertiefen, weil er nicht riskieren will, seine Partnerin zu verlieren.

»Ich liebe dich« – wozu?

Sobald Sie glauben, dass Sie etwas unbedingt brauchen, sind Sie in einer schwachen Position. In Wahrheit ist es doch gar nicht unbedingt nötig, dass Ihr Partner diese drei Wörter ausspricht. Natürlich wünschen Sie es sich, vor allem, wenn Sie bereits mit ihm geschlafen haben und selbst am liebsten mit Ihren Gefühlen herausplatzen würden.

Sagen Sie sich stattdessen lieber: »Ich *bin* liebenswert. Wenn er mich liebt, dann wird er es eines Tages auch aussprechen. Und wenn nicht, dann werde ich das ebenfalls verkraften.«

Falls Sie unter keinen Umständen warten wollen, mildern

Sie Ihren Vorstoß wenigstens ab, indem Sie nur indirekt, in Form einer Bemerkung oder eines Kommentars, über das Thema Liebe sprechen, und verlangen Sie niemals ein Bekenntnis von ihm. Stellen Sie ihm vielmehr eine der folgenden Fragen, die zumindest einigermaßen harmlos klingen:

- »Kann es sein, dass wir dabei sind, uns zu verlieben?«
- »Ist das Liebe?«
- »Wann ist deiner Meinung nach der richtige Zeitpunkt, um jemandem ›Ich liebe dich‹ zu sagen?«
- »Woran merkst du, dass du dich verliebt hast?«

Welche Variante Sie auch wählen, verlangen Sie nie ein Ja oder Nein als Antwort. Fragen Sie ihn stattdessen unverfänglich nach seiner Expertenmeinung über die Liebe, damit er ohne Druck darüber nachdenken, die Frage lösen oder sogar damit prahlen kann, wie gut er sich in Liebes- und Beziehungsfragen auskennt. Manche Männer gefallen sich auch als Romantiker. So, wie ein Mann durchaus davon träumen kann, eines Tages der richtigen Frau einen Heiratsantrag zu machen, kann er genauso davon träumen, eines Tages »Ich liebe dich« zu sagen ...

In fünf Schritten zu den drei magischen Worten

Die Kunst, einen Mann zum Aussprechen dieser drei magischen Worten zu bewegen, setzt sich aus den folgenden fünf Punkten zusammen:

1. Fordern Sie niemals von ihm, »Ich liebe dich« zu sagen.
2. Geben Sie ihm das sichere Gefühl, nicht mit unangenehmen Folgen rechnen zu müssen.
3. Seien Sie die Frau, zu der er diesen Satz sagen will.
4. Ziehen Sie sich für eine Weile zurück, wenn er definitiv der Richtige ist und Sie glauben, dass Sie ihn zu sehr bedrängt haben.
5. Sagen Sie nichts, und üben Sie sich in Geduld.

Als Nächstes wollen wir uns das im Einzelnen ansehen, damit Sie sich ein genaues Bild machen können:

1. Fordern Sie das Liebesbekenntnis niemals ein

Der Schlüssel zu einem jeden Männerherz liegt darin, mit Ihrem Partner in einer Sprache zu sprechen, die er versteht. Wenn Sie ihm als Erste sagen, dass Sie ihn lieben, versteht er das als Aufforderung, Ihre Liebeserklärung zu erwidern. Noch dazu befürchtet er, bei einer nicht genehmen Antwort mit Tränen, Diskussionen oder Streit rechnen zu müssen, auch wenn Sie das nicht beabsichtigt haben.

Mit dieser Forderung verstoßen Sie gegen Gebot Nr. 10 – Du sollst nicht versuchen, ihn zu ändern – und lösen beim Mann automatisch den Kampf-oder-Flucht-Reflex aus.

Lassen Sie es also lieber sein, und beschäftigen Sie sich mit anderen Dingen, damit er nicht den Eindruck gewinnt, Sie liefen ihm wie ein Hündchen nach und erwarteten stündlich seinen Treueschwur. Wenn Sie ehrlich sind, müssen Sie zugeben, dass ein solches Verhalten eher jämmerlich als anziehend wirkt.

Der Kampf-oder-Flucht-Modus: Dieser Modus wird immer dann aktiv, wenn ein Mann von einer Frau zum Beispiel dazu gedrängt wird, verbal zu äußern, was er für sie empfindet. Er befürchtet, mit einer falschen Antwort ins Fettnäpfchen zu treten, und flüchtet sich entweder in einen Streit, um Zeit zu gewinnen, oder er entzieht sich der Situation und lässt im schlimmsten Fall nie wieder etwas von sich hören.

---

2. Geben Sie ihm ein sicheres Gefühl

Wenn ein Mann tatsächlich »Ich liebe dich« zu einer Frau sagt, dann manifestiert er damit, dass er ihr treu sein will und ihre Beziehung als verbindlich ansieht. Dieses Bekenntnis wird er niemals wagen, solange er befürchten muss, dass sie ihn entweder unterjocht oder gar abweist. Er wird diesen

Schritt erst tun, wenn er sich bei ihr sicher und von ihr geliebt fühlt. Also beweisen Sie ihm Ihre Liebe, ohne gleich damit herauszuplatzen und Bekenntnisse von ihm zu fordern. Zeigen Sie ihm, dass Sie volles Vertrauen in ihn haben.

3. Verstärken Sie die positiven Vorstellungen, die er mit Ihnen verbindet

Es ist gar nicht schwer, in den Augen Ihres Partners in einem angenehmen Licht zu erscheinen. Sie müssen dazu nur jedes Mal, wenn Sie mit ihm telefonieren, ein breites Lächeln auf Ihr Gesicht zaubern. Dadurch hört sich Ihre Stimme für ihn angenehm und warmherzig an, und er empfindet ein wohliges Prickeln. Dadurch assoziiert er automatisch angenehme Gefühle mit Ihnen, sobald Sie miteinander sprechen oder zusammen sind.

Dieser Tipp wird Ihnen anfangs vielleicht wie ein Trick vorkommen, aber Sie werden bald merken, dass sich auch Ihre eigene Laune dadurch hebt, denn wenn Sie lächeln, aktiviert das die Ausschüttung von Glückshormonen in Ihrem Körper. Selbst an schlechten Tagen können Sie damit bewirken, dass Sie sich wieder besser fühlen. Wie das funktioniert? Ganz einfach: Das menschliche Gehirn kann immer nur einen Gedanken auf einmal erzeugen. Wenn Sie dafür sorgen, dass es ein angenehmer ist, dann haben Sie beide etwas davon.

4. Ziehen Sie sich für eine Weile zurück

Manchmal ist es das Beste, sich einfach mal komplett zurückzuziehen. Wenn Sie das Gefühl haben, dass Ihr Partner
meilenweit davon entfernt ist, Ihnen die magischen drei Worte zu sagen, dann kann das daran liegen, dass Sie ihm alles
zu leicht machen. Selbstverständlich sind Sie immer für ihn
da, weshalb er keinen Grund sieht, sich um Sie zu bemühen
und etwas für Sie zu tun, das ihm eine Belohnung einbringt.
Schließlich bekommt er sowieso alles von Ihnen.

Eine in der Methode versierte Frau weiß, wie sie eine Zeit
lang auf Abstand zu ihrem Mann gehen kann, wenn sie das
Gefühl hat, dass er ihr nicht genügend Lust, Liebe, Zuneigung,
Aufmerksamkeit – was auch immer – entgegenbringt. Wenn
Sie nicht verreisen können, brechen Sie den Kontakt kurzfris-
tig ab, indem Sie Ihren Partner ein paar Tage lang weder anrufen noch ihm simsen. Seien Sie ungefähr drei bis fünf Tage
lang nicht erreichbar, bis es ihm nach mehreren vergeblichen
Anrufen endlich gelingt, Sie am Telefon zu sprechen.

Gehen Sie in der Zeit öfter aus. Verbringen Sie schlicht und
einfach die Abende nicht damit, zu Hause zu sitzen und an
ihn zu denken. Männer spüren instinktiv, wenn ein Wechsel
in der Luft liegt ... und wenn er Sie liebt und Sie nicht verlieren will, dann wird er etwas unternehmen.

Sollten Sie mit ihm zusammenwohnen, dann suchen Sie
sich eine Betätigung, bei der Sie viel unterwegs sind (von der
Sie aber nicht betrunken nach Hause kommen). Gehen Sie zu
einer Vernissage, zu einer Lesung, suchen Sie sich ein neu-

es Hobby, nehmen Sie an einem Kursus teil. Durchbrechen Sie Ihre Alltagsroutine. Wenn Sie können, verreisen Sie für ein paar Tage, das verschafft Ihnen beiden eine neue Perspektive. Und vor allem: Betreiben Sie das alles ganz locker, ohne jeden Vorwurf. Ihr Verhalten gibt ihm zu verstehen, dass Sie mehr als die übliche Routine brauchen, um Ihr Interesse an ihm zu bewahren. Mildern Sie Ihren Ausbruch aus der Beziehung ab, indem Sie ihm erklären, dass Ihr Handy ausgeschaltet bleibt und dass Sie in ein paar Tagen zurück sein werden. Natürlich dürfen Sie ihm auch sagen, dass Sie sich schon auf ein Wiedersehen freuen. Damit verhindern Sie, dass er Ihren Warnschuss als Zurückweisung empfindet und defensiv reagiert.

> *»Wenn ich eine Auszeit von der Ehe und*
> *vom Alltag brauche, dann buche ich*
> *einen Urlaub an einem Ort, wo der Handyempfang*
> *sehr schlecht ist. Dann nimmt mein Mann*
> *es nicht persönlich, dass wir ein paar Tage lang*
> *keinen Kontakt haben.«*
> ELLY (38), ZAHNPFLEGERIN

5. Schweigen Sie, und üben Sie sich in Geduld

Das Schweigen gehört zu den wirkungsvollsten Strategien. Natürlich sind Sie weder schüchtern noch stumm, das wissen wir. Sie haben viel zu sagen und können sich auch ausdrücken. Lassen Sie den in Ihnen lauernden Redeschwall trotzdem lieber auf Ihre Freundinnen los als auf Ihren Partner. Schenken Sie ihm Ruhe und Frieden, dann wird er von sich aus über alles nachdenken.

Keine Frage, das fällt den meisten Frauen nicht leicht. Deswegen müssen Sie es sich immer wieder bewusst machen und sich in Geduld, Geduld und nochmals Geduld üben. Wenn Ihr Mann Ihnen dann eine Antwort gibt, wird sie von ganzem Herzen kommen, und Sie können sicher sein, dass er es nicht nur um des lieben Friedens willen sagt.

»Ich liebe dich« öfter hören

Wenn Sie eine ernsthafte und verbindliche Beziehung haben oder verheiratet sind, dann haben Sie die drei magischen Worte vermutlich schon oft gehört. Ist die erste heiße Phase der Verliebtheit jedoch vorbei, könnte es durchaus sein, dass Ihr Mann es Ihnen für Ihren Geschmack nicht oft genug sagt.

Daher ist es nun an der Zeit, dass Sie ein weiteres Geheimnis lernen: die unausgesprochenen Liebesbeweise des Mannes zu erkennen.

Unausgesprochene Liebesbeweise

Ob Sie es glauben oder nicht, manche Männer fühlen sich ein Leben lang verwundbar und angreifbar, wenn sie einer Frau sagen, dass sie sie lieben. Um das Risiko, zurückgewiesen oder in die Pflicht genommen zu werden, gering zu halten, haben sie ihre eigene Art entwickelt, ihren Gefühlen gegenüber der geliebten Frau ohne Worte Ausdruck zu verleihen. Sie zeigen ihre Liebe, indem sie ihr großzügige Geschenke machen und alles Mögliche für sie tun. Sie müssen nun lernen, diese nonverbalen Liebesbeweise zu erkennen, und Ihrem Mann die entsprechende Anerkennung dafür zuteilwerden lassen.

Die häufigsten Liebesbeweise sind:

- Er ruft an und macht Vorschläge, um Sie zu sehen.
- Er lädt Sie bei Verabredungen ein.
- Er stellt Sie seiner Familie, seinen Freunden und seinen Arbeitskollegen vor.
- Er geht beim Sex ausgiebig auf Ihre Bedürfnisse ein.
- Er kümmert sich um Ihr Auto.
- Er repariert tropfende Wasserhähne und dergleichen für Sie.
- Er begleitet Sie (meistens) bereitwillig zum gelegentlichen Einkaufsbummel.
- Er macht Ihnen Komplimente.
- Er verbringt gern viel Zeit mit Ihnen.
- Er nimmt es mit der Verpflichtung Ihnen gegenüber ernst.

Wenn ein Mann eines oder mehrere dieser Dinge tut, dann ist das ein Liebesbeweis. Vielleicht kommen ihm die drei berühmten Worte nie über die Lippen, aber seine Taten stehen dafür.

Haben Sie erst einmal erkannt, auf welch vielfältige Weise er Ihnen zeigt, dass er Sie liebt, werden Sie nicht mehr darum betteln, dass er »Ich liebe dich« zu Ihnen sagt, denn Sie sehen und fühlen es, auch wenn Sie es nicht hören. Sie haben damit einen ganz neuen Blick dafür, wie sehr er sich Ihnen verbunden fühlt.

Übung für den gekonnten Umgang mit Ihrem Mann

Notieren Sie sich über mehrere Wochen hinweg alle Dinge, mit denen Ihr Mann Ihnen Ihrer Meinung nach seine Liebe beweist. Hat er Ihr Auto zur Inspektion gebracht? Es vollgetankt? Hat er Sie in Ihr Lieblingsrestaurant ausgeführt? Ihnen gesagt, dass Sie in diesem raffinierten Minikleid, das Sie neu gekauft haben, toll aussehen? Hat er Sie wie versprochen angerufen und es nicht vergessen? Oder Ihnen trotz Stress im Büro zwischendrin schnell eine liebevolle SMS geschrieben? Hat er Ihnen einen Überraschungsbesuch abgestattet? Sich erkundigt, wie es Ihrer Oma geht?

Erstellen Sie eine Liste – Sie werden sich wundern, wie oft Ihr Partner seine Zuneigung zu Ihnen zum Ausdruck bringt, ohne die berühmten drei Worte auszusprechen.

Seine Liebesbeweise:

_____

_____

_____

―――――――――――――――――――――――――

―――――――――――――――――――――――――

―――――――――――――――――――――――――

―――――――――――――――――――――――――

―――――――――――――――――――――――――

―――――――――――――――――――――――――

FALLSTUDIE: **Heidi und James**

Heidi glaubte sich in einer Beziehung, in der das Wort »Liebe« nicht existierte. Als verheiratete Frau Anfang dreißig passte es ihr ganz und gar nicht, dass ihr Mann ihr nicht mehr sagte, dass er sie liebte. Er brachte ihr allerdings auch sonst nicht allzu viel Zuneigung entgegen. Sehnsüchtig blickte sie in Restaurants zu turtelnden Paaren hinüber und konnte nicht verstehen, warum es in ihrer eigenen Ehe so kalt und distanziert zuging. Schließlich sprach sie ihren Mann direkt darauf an.

Ärgerlich begann sie: »Ich rede mir dauernd den Mund fusselig und sage dir, wie sehr ich dich liebe, aber du nimmst mich nie in den Arm und sagst mir auch nie, dass du mich liebst. Wieso eigentlich nicht?«

James war schockiert. »Was soll das heißen, ich sage dir nie, dass ich dich liebe?«, entgegnete er. »Habe ich dich nicht erst gestern Abend schön ausgeführt? Und dir das Bild geschenkt, das du fürs Wohnzimmer haben wolltest? Und dir neulich geholfen, deinen Computer wieder zum Laufen zu bringen? Ich tue andauernd etwas für dich. Und ich denke ständig an dich.« Dann überraschte er sie mit der Ankündigung, dass er sie in ihrem Bemühen, ein eigenes Geschäft aufzumachen, unterstützen wolle, indem er in der Anfangszeit die Ladenmiete für sie bezahlte.

Heidi war wie vor den Kopf geschlagen. Da hatte sie sich die ganze Zeit darüber geärgert, dass James ihr seine Liebe nicht in Worten erklärte, dabei hatte er sie die ganze Zeit über in so vielfältiger Weise praktisch und tatkräftig zum Ausdruck gebracht. Und nun auch noch diese großzügige Unterstützung.

Was wollte sie mehr?

Die Mantras des Erfolgs

Sagen Sie nie als Erste »Ich liebe dich« zu ihm –
damit setzen Sie ihm die Pistole auf die Brust und
lösen seinen Kampf-oder-Flucht-Reflex aus.

Betteln Sie nicht um Liebesbeweise – Sie
sind selbständig und selbstbewusst,
Sie genießen zwar die Aufmerksamkeit und
Zuneigung eines Mannes, aber Sie
machen sich nicht abhängig davon, um
glücklich zu sein.

Lassen Sie sich von Ihrem Oxytocin nicht
vorgaukeln, Sie seien in einen Mann verliebt, nur
weil Sie mit ihm im Bett waren. Denken
Sie erst nach, ob das wirklich Liebe sein kann,
vor allem, wenn Sie ihn gerade erst kennen
gelernt haben.

Zeigen Sie Ihrem Partner, dass Sie ein eigen-
ständiger Mensch sind, indem Sie nicht
immer zur Verfügung stehen, sondern auch ohne
ihn etwas unternehmen, aber lassen Sie ihn
gleichzeitig Ihre Zuneigung und Wertschätzung
spüren.

Seien Sie nicht zu sehr auf eine ausgesprochene
Liebeserklärung aus. Erkennen Sie lieber,
was er alles für Sie tut und wie er Ihnen damit
seine Liebe beweist.

Sollten Sie bereits eine beträchtliche Zeit
mit Ihrem Partner verbracht haben, ohne dass er
Ihrem Gefühl nach ausreichend Zuneigung
zu Ihnen beweist, weder in Worten noch in Taten,
dann sollten Sie die Beziehung überdenken.
Mit ziemlich hoher Sicherheit ist er dann gar nicht
in Sie verliebt. Werfen Sie es ihm nicht vor,
sondern akzeptieren Sie es, und beenden Sie das
Ganze, wenn es nicht dem entspricht, was
Sie sich von einer Liebesbeziehung erwarten.

So bringen Sie Ihren Partner dazu, Ihnen einen Ring an den Finger zu stecken (ohne dass er sich festgenagelt fühlt)

»Zur Ehe muss man ein besonderes Talent haben, genau wie zur Schauspielerei. Für die Monogamie jedoch muss man ein Genie sein.«

Jim Carrey

»Eine Frau ist ein Genie, wenn sie gelernt hat, das tief verborgene Monogamie-Gen eines Mannes anzusprechen.«

Donna und Sam

Fragen Sie sich zuerst:
Warum will ich die Ehe?

Es ist Ihrem Partner gegenüber nicht fair, darauf zu bestehen, dass er Ihnen einen Heiratsantrag macht, nur weil Sie gelangweilt sind, in finanziellen Schwierigkeiten stecken, kein Single mehr sein wollen, oder genug davon haben, dass Ihre Mutter Ihnen ständig in den Ohren liegt, Sie sollten allmählich eine Familie gründen. Wenn Sie es nicht mehr abwarten können, endlich zu heiraten, dann finden Sie erst die wahren Gründe dafür heraus. Denn ganz im Ernst: Wenn das große Hallo bei der Bekanntgabe der Verlobung, beim Vorzeigen des goldenen Ringes, beim Auswählen des Hochzeitskleides, die kirchliche Trauung und die Flitterwochen erst vorbei sind, dann flaut auch die anfängliche Begeisterung rasch ab.

Sollten Sie aus den falschen Gründen auf eine Ehe aus sein, dann halten Sie sich lieber zurück. Frauen, die eher von einer Märchenhochzeit träumen als davon, sich tatsächlich zu einem gemeinsamen Leben mit einem anderen Menschen zu verpflichten, fragen sich oft: »War das alles?«, wenn die Zeit gekommen ist, sich im Ehealltag einzurichten. Als Ausweg fällt ihnen dann oft nur ein, sich bald nach der nächsten Beziehung umzusehen, die sie in den siebten Himmel befördert – und nach kurzem erneut abstürzen lässt.

Ausreden über Ausreden

Wenn Sie aus den richtigen Gründen heiraten wollen und es gern sähen, dass Ihr Mann nicht mit seiner Sekretärin, seiner Praktikantin, Ihrem Kindermädchen oder Ihrer besten Freundin anbändelt, dann sollten Sie lernen, sein Monogamie-Gen aufzuspüren und zu aktivieren. Ja, genauso wie der G-Punkt der Frau existiert beim Mann dieses schwer nachzuweisende Gen – Sie müssen nur wissen, wie Sie damit umgehen sollen, sobald Sie es erst einmal entdeckt haben. Damit können Sie das Interesse Ihres Mannes nämlich dauerhaft auf sich und nur auf sich lenken.

Jede Frau, die nicht erst seit gestern liiert ist, weiß genau, dass ein Mann kaum äußert, dass er sich nach einer dauerhaften Beziehung sehnt, dass er mit dem Sex noch warten will, bis er sich sicher ist, dass er eine Frau auch wirklich liebt, oder dass er sich auf alle Fälle Kinder wünscht und bereit ist, mit der erstbesten Frau, die seinen Weg kreuzt, eine Familie zu gründen. Von Männern hört man stattdessen meist Ausreden, und zwar mit den fantastischsten und verrücktesten Begründungen, warum eine feste, verbindliche Beziehung nicht das Wahre sei. Und all das, um eine Frau möglichst schnell und ohne großen Aufwand ins Bett zu locken, ohne über goldene Ringe, Babys, Hochzeitsglocken oder Haushaltsgeld sprechen zu müssen.

Sie halten die Ausrede Ihres Partners, warum er nicht heiraten will, für lächerlich? Dann lesen Sie mal diese hier:

Johnny Depp erklärte einmal, dass er seiner Freundin nicht ihren Familiennamen ruinieren wolle, und Brad Pitt ließ in der Öffentlichkeit verlauten, er werde erst dann heiraten, »wenn jeder andere Heiratswillige im Lande dies rechtlich ebenfalls dürfte«, während George Clooney schlicht meinte, er sei einfach »nicht besonders geeignet dafür«. Unser Freund Ken hingegen behauptet, er mache mit einer Heirat nur »die Beziehung kaputt«.

Warum Männer die Ehe fürchten

Um Ihrem Partner die Angst vor der Ehe zu nehmen, müssen Sie zunächst ein wenig Detektiv spielen. Finden Sie heraus, welche heimlichen Befürchtungen Ihr Partner hegt – hat er Angst, dass Sie ihn von seinen Stammtischrunden abhalten, dass Sie dann keine Lust auf wilden Sex mehr haben oder nicht mehr die nette, liebevolle, lustige Frau sind?

Lachen Sie ihn auf gar keinen Fall aus, auch wenn seine Ängste Ihnen albern vorkommen. Ängste sind oft irrational und unlogisch, auch wenn sie ihm nicht so erscheinen. So grundlos sie auch sein mögen, sind sie immerhin daran schuld, dass er vor einem Heiratsantrag zurückschreckt. Seien Sie also geduldig, und wenden Sie die Methode an, um sie ihm zu nehmen.

Im Folgenden sind ein paar der Gründe genannt, warum Männer davor zurückschrecken, sich fest zu binden:

Weniger Sex

Unter Männern hält sich hartnäckig das Gerücht, dass Junggesellen voll auf ihre Kosten kommen, was Sex betrifft, womit es dann ganz schnell vorbei ist, wenn sie erst in festen Händen sind. Bei all den Illustrierten mit ihren Berichten
über trostloses Sexualleben in Ehen und den vielen Fernseh-
shows, in denen Eheberater versuchen, Paaren zu helfen«,
ist es auch kein Wunder, dass viele Männer befürchten, mit
der Eheschließung sei der Spaß vorbei.

Einem Mann fallen eine Million Gründe ein, vor einer festen Beziehung zurückzuschrecken, selbst wenn er eine Frau
wirklich liebt. Sie müssen Ihrem Partner deswegen mit viel
Geduld vermitteln, dass Sie ihm weder seine Lebensart noch
seine Freiheit, noch den Sex nehmen wollen, wenn Sie verheiratet sind. Wenn Sie ihm das klarmachen können, sind Sie
bereits auf halbem Wege in den Stand der Ehe.

Identitätsverlust

Eine weitere, stark verbreitete Befürchtung, die Männer vom
Heiraten abhält, ist jene, sich selbst zu verlieren. Sobald er
den Heiratsantrag über die Lippen gebracht hat, gehört sein
eigenes Leben und alles, was ihn ausmacht, was ihm lieb
und teuer ist, der Vergangenheit an – denkt er und sagt lieber nichts.

Weitere Gründe

1. Er hat Angst davor, dass Sie all sein Geld verprassen, danach immer noch nicht zufrieden sind und immer mehr wollen.

2. Er hat Angst davor, dass Sie bereitwillig alles nehmen, was er Ihnen zu geben hat, und ihn dann wegen eines anderen verlassen.

3. Er hat Angst davor, dass Sie irgendwann jedes sexuelle Interesse an ihm verlieren und er als unbefriedigter, einsamer Mann vor sich hin vegetieren muss.

4. Er hat Angst davor, dass Sie unattraktiv und hässlich werden.

5. Er hat Angst davor, dass Sie Ihre ganze Liebe auf die lieben Kleinen konzentrieren und ihn links liegen lassen, sobald Kinder da sind.

6. Er hat Angst davor, sich in eine Sackgasse zu begeben, aus der sich zu befreien zu schwierig oder zu teuer sein wird, weshalb er für den Rest seines Lebens leidend und im Elend verbringen muss.

Was können Sie in diesem Fall tun? Ganz einfach: ihm diese Ängste nehmen. Wenn Ihr Partner sich Sorgen um sein Geld macht, dann beweisen Sie ihm, dass Sie verantwortungsbewusst und sparsam haushalten. Wenn er sich um Ihre körperliche Attraktivität Gedanken macht, dann zeigen Sie ihm, was Sie alles dafür tun, um Ihre Gesundheit und Ihre Figur zu erhalten. Wenn er sich vor Eintönigkeit und Langeweile fürchtet, beweisen Sie Fantasie, und lassen Sie sich immer wieder neue Dinge einfallen, damit er hingerissen ist und sich von Ihnen mitgerissen fühlt. Und so weiter.

Dinge, die Sie ihm sagen können und sollten:

* Beim Ankleiden: »Findest du diesen Rock kurz genug? Oder soll ich heute Abend lieber das Mini-Minikleid tragen, das dir so gut gefällt?«
* Wenn er zärtlich wird: »Ach, das ist schön. Ich habe schon den ganzen Tag davon geträumt.«
* Wenn Ihnen zu Ohren kommt, dass eine Frau bei der Scheidung ihren Mann finanziell ausgenommen hat: »Wie eine Frau nur so gemein sein kann, noch den letzten Pfennig aus ihm herauszuholen! Das finde ich unter aller Kritik.«
* Wenn Sie die Aktivitäten der nächsten Woche planen: »Schatz, was meinst du, bleibt da auch genug Zeit für uns beide?«
* Bei der Kontrolle der Ausgaben: »Wie wäre es, wenn wir die Ausgaben neu ordnen und zum Beispiel etwas für einen Segelurlaub zurücklegen? Oder für die Motorradtour, von der du neulich erzählt hast?«
* Wenn Sie ihm Ihre neuen Kleider vorführen: »Die habe ich im Sommerschlussverkauf zum Glück zum halben Preis erstanden, sonst hätte ich sie nicht gekauft. Aber ich möchte ja auch gut aussehen und dir gefallen.«

• Am Ende eines Telefongesprächs mit ihm: »Schatz, ich mache mich jetzt auf den Weg ins Fitness-Studio, damit du mich heute Abend auch noch knackig findest.«

Solche Bemerkungen werden bei Ihrem Mann auf fruchtbaren Boden fallen, und er wird sich allmählich ein Bild von Ihnen machen, das ihn von seinen Ängsten befreit.

Das Treuegelöbnis – sein eigener Entschluss

Haben Sie Ihrem Partner erst jegliche Angst vor einer festen Beziehung genommen, wird er über kurz oder lang von selbst zu der Entscheidung kommen, Ihnen einen Antrag zu machen. Sie haben ihm den Weg geebnet und ihm zugleich die Freiheit gelassen, diesen Schritt von sich aus zu tun. Wenn er Sie dann bittet, seine Frau zu werden, tut er es, weil er selbst es will, und nicht, weil er sich gezwungen sieht – die beste Voraussetzung für eine dauerhafte Ehe.

Achtung: Warum viele Männer Junggesellen bleiben

Diverse Studien haben bewiesen, dass die Zahl der Junggesellen seit 1990 dramatisch gestiegen ist. Warum bleiben heutzutage so viele Männer ledig? Weil sie – wer hätte das gedacht? – viel leichter als früher Sex haben können, ohne zu heiraten. Laut Umfragen herrscht bei Männern die Meinung vor, sie könnten eine Frau jederzeit ins Bett locken, ohne ihr auch nur ein Abendessen spendieren zu müssen. Noch dazu werde die Bettgenossin hinterher oft die beste Freundin.

»Meine Freundin beschwert sich, dass ich sie ›nie‹ anrufe. Sie dagegen ruft mich dauernd an und fragt mich ständig, woran Sie mit mir sei. Sie will es unbedingt vorher wissen und behauptet, ich hätte Bindungsangst, weil ich noch nicht um ihre Hand angehalten habe. Dabei habe ich nicht mal einen Anflug von Bindungsangst. Eigentlich wollte ich ihr längst einen Antrag machen, aber weil sie ständig drängelt, ist mir die Lust dazu vergangen. Natürlich mache ich mir auch Gedanken, wozu sie mich wohl als Nächstes drängt. Ziemlich bescheuert. Wenn man einer Frau wie ihr den kleinen Finger reicht, nimmt sie sofort die ganze Hand.«
DON (32), IMMOBILIENMAKLER

Don ist nicht der Einzige, von dem wir solche Klagen zu hören bekommen. Eigentlich wären viele Männer bereit, eine feste Beziehung einzugehen, ja sogar eine Familie zu gründen – mit der richtigen Frau. Sie würden eine nette Partnerin auch gern ihrer Mutter vorstellen. Aber die meisten Frauen bedrängen ihren Partner, kaum dass sie ihn kennen gelernt haben, und aktivieren damit automatisch das Anti-Bindungs-Gen, das jeden Mann zurückschrecken lässt.

Sie rufen viel zu häufig an und lassen dem armen Mann keine Ruhe, bis er schließlich die Flucht ergreift und erklärt, er sei »für eine feste Bindung einfach noch nicht bereit«. Daraufhin brechen sie beleidigt den Kontakt ab, schmollen und beklagen sich bei ihren Freundinnen darüber, dass er bindungsunfähig und damit typisch Mann sei.

Dabei möchte er in Wahrheit bloß nicht ständig unter Druck gesetzt werden, sondern selbst die Initiative ergreifen und eigene Entscheidungen treffen. Wer könnte ihm das übelnehmen?

Don hat uns berichtet, dass es immer schwieriger werde, eine Frau kennen zu lernen, die ihm auch die Zeit lässt, sie zu umwerben, sie kennen und schätzen zu lernen, sich in sie zu verlieben und sie als mögliche Mutter seiner Kinder wahrzunehmen.

Die wichtige Rolle der Jagd

Um mit dem Monogamie-Gen eines Mannes richtig umgehen zu können, müssen Sie zunächst wissen, wie das mit dem Verlieben funktioniert. Noch mal zurück zu Don: Wenn er zum Beispiel an der Bar einer Diskothek eine höchst attraktive Frau mit üppigem Busen und schmelzend blauen Augen entdeckt, steigt sofort sein Dopaminspiegel an. Das Dopamin signalisiert seinem Gehirn, dass die Jagd eröffnet ist.

Von diesem Augenblick an konzentriert sich Don ganz auf die Frau seines Begehrens, bis die Jagd gewonnen und ... vorüber ist. Seine Instinkte treiben ihn dazu, alles in seiner Macht Stehende zu tun, um sie noch an diesem Abend ins Bett zu locken. Die Jagd beginnt, indem er herausfindet, dass sie Kendra heißt. Er lädt sie zu einem Drink ein, erzählt ihr seinen lustigsten Witz, berührt sanft ihr Haar, flüstert ihr etwas Nettes ins Ohr, lauscht ihr mit Hingebung, wenn sie spricht, und bemüht sich, ihr die richtigen Fragen zu stellen.

Monogamie-Gen

Männer wollen Sex so einfach, wie sie ihn bekommen können. Andererseits wünschen sie sich aber auch ein Zuhause und eine Familie und sehen sich daher nach der richtigen Frau um. Dafür sorgt ihr Monogamie-Gen. Sprechen Sie also diese Seite in ihm an, und wecken Sie den Wunsch in ihm, mit Ihnen eine Familie zu gründen, dann wird das Flirten mit anderen Frauen für ihn unwichtig.

Don hat die Erfahrung gemacht, dass die Frauen in diesem Stadium normalerweise einverstanden sind, mit zu ihm zu kommen – oder es sogar selbst anbieten. Nicht so Kendra. Sie ist anders. Sie kichert ein wenig, als er ihr den Vorschlag macht, meint aber, das gehe ihr etwas zu schnell, allerdings wolle sie ihn gern wiedersehen. Zum Beispiel zum Mittagessen. Kendra weiß genau: Wenn sie noch an diesem Abend miteinander ins Bett gingen, würde Dons Dopaminspiegel danach fast auf null absinken, und die Jagd wäre vorbei. Sobald er nämlich das Wild erlegt hat und zum Orgasmus kommt, schüttet sein Körper Oxytocin aus, jenes Glückshormon, das die Produktion von Dopamin blockiert.

Achtung: Dehnen Sie die Jagd aus

Laut Ted Huston von der University of Texas in Austin hängt der letztendliche erfolgreiche Verlauf einer Beziehung wesentlich davon ab, wie lange die Phase des Werbens dauert. Je länger der Mann die Frau umwirbt und sich um sie bemüht, umso stabiler und dauerhafter erweist sich später die Beziehung. Laut der Studie, die sich mit der Erfolgsrate von 168 Ehen seit 1979 befasst, hatten sich die noch immer glücklich verheirateten Paare vor der Eheschließung über zwei Jahre lang Zeit gelassen, während jene Ehen, die rasch geschlossen wurden, weil die Partner bereits zusammenwohnten oder ein Kind erwarteten, nicht so lange hielten.

Lassen Sie sich also sowohl mit dem Sex als auch mit gegenseitigen Verpflichtungen Zeit, und überstürzen Sie nichts.

Dieses Beispiel für eine erste Begegnung ist eine wichtige Lektion für Frauen, die seit einiger Zeit mit einem Mann zusammen sind und sich wünschen, dass er bei der Stange bleibt und ihnen eines Tages einen Ring an den Finger steckt. Bremsen Sie sich, liebe Leserinnen, auch wenn Sie diesen Mann wirklich lieben und behalten wollen. Es besteht kein Grund zur Eile. Lassen Sie ihm das Vergnügen, sich um Sie zu bemühen, damit Sie für ihn etwas ganz Besonderes werden, die eine und einzig Wahre – für immer. Erinnern Sie sich noch an die Tage der ersten Verliebtheit, vor dem ersten Sex, als Sie beide stundenlang geschmust und geturtelt haben? Wissen Sie noch, wie Sie sich dann nach dem ersten Sex fragten, wo seine Zärtlichkeit geblieben war?

Es ist für eine dauerhafte Beziehung äußerst wichtig, jede einzelne Phase ausführlich auszukosten, denn so entstehen positive gemeinsame Erinnerungen, die Ihre emotionale Bindung stärken. Machen Sie nicht den Fehler, die einzelnen Phasen abzukürzen, um möglichst schnell beim Ja-Wort zu landen. Gerade das Ausdehnen der Eroberungsphase weckt im Mann jene Gefühle, die in ihm den Wunsch entstehen lassen, Sie sich für immer zu sichern.

Kendra lässt Don am ersten Abend alleine nach Hause gehen und bleibt bei ihren Freundinnen in der Bar. Sie weiß genau: Wenn ihm etwas an ihr liegt, wird sie ihm nicht mehr aus dem Kopf gehen. Die ausgeschütteten Hormone werden noch tagelang durch seinen Körper schwirren, und er wird darauf aus sein, sie am nächsten Tag anzurufen. Und am übernächsten.

Das heißt aber nicht, dass sie mit Don spielt, sie kommuniziert lediglich gekonnt mit seiner biochemischen Natur. Letztlich tut sie genau das, was Frauen tun sollten: Sie wartet ab, bis *sie* entscheiden kann, ob Ken ihr wirklich gefällt oder nicht. Während sie sich Zeit nimmt, um sich darüber klar zu werden, lässt sie die chemischen Reaktionen in seinem Körper für sich arbeiten, bis Don ein so starkes Interesse an ihr entwickelt, dass er sie unbedingt als Partnerin haben will. Und zwar auch dann, wenn das bedeutet, ihr treu zu sein (und das Anti-Bindungs-Gen sowie den Fluchtinstinkt zu unterdrücken), um sie zu behalten.

Diesen Prozess sollten Sie so lange lebendig erhalten, wie Ihre Beziehung andauert, denn darin liegt die innere Anziehungskraft, die Ihre Partnerschaft auch nach Jahrzehnten lebendig hält.

Wie Sie ihn dazu bringen, Ihnen einen Antrag zu machen, bevor Sie bei ihm einziehen

Auch in dieser Hinsicht erweist Kendra sich als erfolgreich. Sie entschließt sich nämlich erst dazu, mit ihm ins Bett zu gehen und die Nacht bei ihm zu verbringen, nachdem sie zu dem Schluss gekommen ist, dass Don ihr ein würdiger Partner sei. Und diese Nacht wird unvergesslich.

Nachdem sie ein paar Monate zusammen sind, möchte Don, dass Kendra in seine Wohnung zieht. Die beiden leben eine Dreiviertelstunde voneinander entfernt, und das ständige Hin und Her ist ihnen sehr lästig. Außerdem ist Kendra beruflich extrem eingespannt und hat noch andere Interessen, weshalb sie nicht so viel Zeit für Don erübrigen kann, wie sie möchte. Don ist sich sicher, dass ihm an Kendra viel liegt, und er möchte gern ausprobieren, ob sie ein gutes Team sind. Er bittet Kendra immer wieder, bei ihm einzuziehen, und sie hält das durchaus für eine praktische Lösung. Zudem ist sie bis über beide Ohren in Don verliebt und möchte den nächsten Schritt am liebsten sofort tun. Aber sie weiß auch, dass es gefährlich ist, mit einem Mann zusammenzuziehen, solange er noch nicht eindeutig erklärt hat, dass er eine feste Beziehung möchte, zum Beispiel mit einem Verlobungsring.

Achtung: Warum es sich lohnt, bis zur Eheschließung getrennt zu wohnen

Laut einer Studie der Universität von Columbia heiraten Paare, die unverheiratet zusammenleben, viel seltener als in separaten Wohnungen lebende. Außerdem ist die Wahrscheinlichkeit, dass in wilder Ehe lebende Paare sich wieder trennen, neunmal so hoch wie bei jenen, die verheiratet sind.

Kendra ist sich noch nicht sicher, ob sie schon bereit ist, sich zu verloben, daher möchte sie nichts überstürzen. In dieser Situation will sie keinesfalls riskieren, dass sie erst ihre Wohnung auflöst und bei Don einzieht, um sich nach kurzem mit ihm zu entzweien, und dann auf der Straße sitzt – immerhin kennt sie einige Frauen, denen genau das passiert ist. Andererseits möchte sie nichts verderben und sein Monogamie-Gen weiter stärken, denn sie kann ihn sich durchaus als ihren Ehemann vorstellen. Also folgt sie der Methode:

1. Sie entzieht sich ihm, indem sie nicht mehr ganz so oft zu ihm fährt und seine Angebote, bei ihm einzuziehen, freundlich ausschlägt.
2. Sie gibt ihm ihre Gefühle und ihren Standpunkt liebevoll zu verstehen. Zum Beispiel, indem sie sagt: »Schatz, diese Hin-und-Her-Fahrerei ist wirklich lästig, aber ich will dich unbedingt sehen.« Oder: »Ich kann mir so gut vorstellen, dass wir eines Tages ganz zusammenleben. Aber es ist mir wichtig, dass wir das nicht aus Bequemlichkeit tun, sondern weil wir wirklich auf Dauer zusammenbleiben wollen. Vielleicht sind wir noch nicht ganz bereit dazu.«
3. Dann lässt sie das Thema ruhen. Wichtig ist, dass sie weder ihm noch sich selbst die Schuld an dieser Situation gegeben hat.
4. Sie lässt ihm Zeit, die Situation in Ordnung zu bringen, indem er ihr einen Heiratsantrag macht, sobald er dazu bereit ist.

Auch ein Mann hat Interessen und Gefühle!

Manchmal sind Frauen so sehr mit ihren eigenen Plänen beschäftigt, dass sie gar nicht auf den Gedanken kommen, ihren Mann einzubeziehen. Kein Wunder, dass dieses Verhalten ein Hindernis für eine feste Beziehung ist. Nehmen wir zum Beispiel Michelle (28), deren Beziehungen nie lange hielten, was sie sich überhaupt nicht erklären konnte.

Als sie zu uns kam, um sich Rat zu holen, war sie immerhin zwei Jahre mit Gary zusammen und hatte ihm mehrfach erzählt, dass sie sich vorstelle, ihn zu heiraten, Kinder zu bekommen und in ein nettes Häuschen zu ziehen. Sie hatte ihm von Anfang an reinen Wein eingeschenkt, doch er schien sich immer weiter zurückzuziehen. Als Michelle uns um eine Lösung für ihr Problem bat, versuchten wir zunächst, uns ein genaueres Bild von der Situation zu machen. Das Gespräch lief in etwa so ab:

Wir: »Wann haben Sie Gary denn zum ersten Mal von Ihren Wünschen und Vorstellungen erzählt?«

Michelle: »Ach, schon in den ersten zwei Wochen! Ich wollte nicht lange mit einem Mann herumexperimentieren, der nicht die gleichen Lebensvorstellungen hat wie ich. Schließlich tickt meine biologische Uhr, daher sollte ich nicht mehr allzu lange warten.«

Wir: »Warten?! Sie hetzen den armen Mann ja buchstäblich in einen Herzinfarkt. So, wie Sie ihn in die Enge treiben, muss er ja das Gefühl haben, mit dem Rücken zur Wand zu stehen. Vielleicht liebt er Sie wirklich, aber ein derart forsches Vorpreschen geht jedem Mann gegen den Strich. Er wünscht sich eine liebevolle Frau, mit der das Leben Spaß macht. Wenn Sie glauben, ihm eine solche Frau sein zu können, dann teilen Sie ihm das auf die richtige Art und Weise mit.«

Gary kam unabhängig von Michelle zu uns. Er wollte von uns wissen, warum manche Frauen ihre Lebensplanung schon fix und fertig in der Schublade haben und von einem Mann erwarten, dass er sich da einfach einfügt. Er kam sich mehr wie ein Samenspender und Geldautomat vor als wie ein Liebhaber, Freund und zukünftiger Ehemann und Vater.

»Es hat den Anschein, als wäre ihnen der Mann völlig egal«, meinte er. »Hauptsache, er passt in den vorgefertigten Plan.«

Das Gute an der Sache war, dass Michelle Gary wirklich liebte und daher bereit war, ihr Verhalten zu ändern. Das Wichtigste war, dass sie aufhörte, Gary mit Bemerkungen über das Heiraten und ihre biologische Uhr Druck zu machen. Sie ließ locker und konnte ihn plötzlich als einen Menschen mit eigenen Hoffnungen, Träumen und Ängsten sehen und ernst nehmen, anstatt nur als geeigneten Kandidaten für ihre Pläne. Sie begann, ein positives Bild von einer gemeinsamen Zukunft aufzubauen, und es funktionierte. Gary reagierte auf ihr verändertes Verhalten und wandte sich ihr wieder zu.

Kardinalfehler in Sachen Monogamie-Gen

In dem Bemühen, ihrem hoffentlich Zukünftigen den Gedanken an eine Ehe schmackhaft zu machen, begehen viele Frauen schwerwiegende Fehler. Die vier folgenden nicht wiedergutzumachenden Fauxpas sollten Sie daher unter allen Umständen vermeiden:

Fehler Nr. 1:
Die Klette im Nacken

Wenn Sie zu sehr versuchen, Ihren Partner zu einer Ehe zu drängen, wird er in Ihnen bald eine Nervensäge und Psychopathin sehen, die ihn anketten und ihm jeden Spaß nehmen will. Auch indem Sie ihn ständig mit Anrufen, SMS, Abendeinladungen und Familienverpflichtungen bombardieren, jagen Sie ihn zielsicher in die Flucht. Solche Frauen beweisen nicht wie erhofft große Zuneigung, sondern im Gegenteil ein Anspruchsdenken, das niemand erfüllen kann. Seien Sie auf keinen Fall eine solche Klette!

Achtung: Lassen Sie nicht gleich die Katze aus dem Sack ...

Die Katze könnte sonst für immer verschwinden. Sex ist weder eine Garantie dafür, dass der andere sich zu irgendwas verpflichtet fühlt, noch für Zuneigung

und vor allem nicht für einen funkelnden Ring an ihrem Finger.

Eine jede Frau sollte lernen, sich nicht vorschnell
zu verschenken, sondern zu warten, bis sie von
einem Mann das bekommt, was sie von ihm möchte.
Erst dann kann sie den Entschluss fassen, ihm das
zu geben, was er sich wünscht (und das ist normalerweise Sex). Das mag sich jetzt etwas altmodisch
anhören, aber wenn Sie die umgekehrte Variante
schon ausprobiert haben und nicht zum gewünsch-
ten Ziel gelangt sind, dann haben Sie auch nichts
zu verlieren, wenn Sie beim nächsten Mal Ihre Taktik ändern. Versuchen Sie es ruhig einmal anders
herum, und legen Sie nicht gleich alle Karten auf den
Tisch.

Fehler Nr. 2:
Heiraten und Kinder? Niemals!

Die meisten Frauen wissen inzwischen, dass sie nicht zu sehr
auf das Heiraten drängen und lieber ihr Singleleben genießen sollten. Manche beherzigen diesen Ratschlag allerdings
so sehr, dass sie vorgeben, niemals eine feste Bindung eingehen zu wollen, und oft sogar vehement abstreiten, jemals
heiraten oder Kinder bekommen zu wollen. Wenn sie an einen Mann geraten, der sich eine Zukunft mit einer solchen
Frau nicht vorstellen kann, geht der Schuss schnell nach hin-
ten los. Bevor sie ihm noch »Was kümmert mich mein Ge-

schwätz von gestern« hinterherrufen kann, ist er schon auf und davon. Vermutlich wird er sich auf die Suche nach einer Frau machen, die sich vorstellen kann, sich an ihn zu binden und ein gemeinsames Leben aufzubauen.

Es funktioniert nicht, einem Mann die anfängliche Scheu vor einer festen Bindung zu nehmen, indem Sie sich selbst als noch bindungsunfähiger geben. Entweder es kommt ihm gerade recht, oder er ist anders gestrickt und wendet sich von Ihnen ab.

Fehler Nr. 3:
Änderungsversuche

Nichts treibt einen Mann schneller in die Flucht (abgesehen von Kinokarten für *Vom Winde verweht*) als eine Frau, die ihn ändern will. Sobald sie nämlich anfängt, seinen Kleidungsstil, seinen Geschmack, seine Frisur, oder die Tatsache, wie viel Zeit er mit seinen Freunden und Kollegen verbringt, wahlweise zu kritisieren, schlechtzumachen oder darauf herumzuhacken, wird er sich angegriffen fühlen und sofort die Flucht ergreifen. Wie schon erwähnt, bedeutet dies natürlich nicht, dass ein Mann sich nicht ändern kann.

Sie können Ihrem Partner durchaus nahebringen, was er tun könnte, um Ihnen zu gefallen, und wenn er Sie liebt, tut er Ihnen vielleicht den Gefallen und hat sogar selbst Spaß daran, aber erzwingen können Sie nichts.

Fehler Nr. 4:
Er soll so sein wie ich

Manche Frauen glauben, dass der Mann, mit dem sie eine Beziehung haben, so werden sollte wie sie. Also versuchen sie krampfhaft, aus ihm einen Menschen zu machen, der nicht nur Pilates mag, sich von Tofu ernährt, Liebesfilme anschaut, sondern auch aufhört, Bier zu trinken, mit seinen Freunden Fußball zu spielen oder gar – Schreck lass nach! – anderen Frauen hinterherzuschauen. Leider haben sie da etwas grundsätzlich falsch verstanden, denn um in einer Beziehung zwei sich ergänzende Hälften zu bilden, muss man verschieden sein. Es lebe der Unterschied!

Lassen Sie ihn also um Gottes willen er selbst sein, denn nur dann können Sie herausfinden, wie er wirklich ist. Und nur dann können Sie entscheiden, ob er der Richtige für Sie ist.

So macht er Ihnen garantiert einen Antrag

Wenn Sie alle Voraussetzungen geschaffen haben und sicher sind, aus den richtigen Gründen heiraten zu wollen, wenn Sie außerdem Ihren Zukünftigen von seinen Bindungsängsten befreit haben, dann ist es so weit: Nun können Sie ihn Schritt für Schritt dazu bringen, dass er Ihnen einen Heiratsantrag macht.

Wenn Sie also genau wissen, dass auch er im Prinzip dazu bereit ist, dann tun Sie Folgendes:

1. Lassen Sie bei Gelegenheit eine Bemerkung über Ihre Vorstellungen fallen: »Ich bin richtig aufgeregt und gespannt, wie unsere Zukunft aussieht, du nicht? Irgendwie habe ich das Gefühl, dass es Zeit für den nächsten Schritt ist, für mich jedenfalls. Ich denke mal, so in den nächsten zwei oder drei Monaten sollte sich bei uns was tun, damit wir nicht auf der Stelle treten. Denn das will ich auf keinen Fall.«
2. Sagen Sie danach nichts mehr.
3. Machen Sie sich rar.
4. Warten Sie ab, ob er etwas unternimmt.

Wenn Ihnen seine Reaktion auf Ihre Bemerkung gefällt, lassen Sie sich darauf ein. Wenn nicht, seien Sie darauf gefasst, Ihren Weg notfalls auch alleine zu gehen. So einfach ist das. Wir wollen nicht behaupten, dass es leicht sei, sich von jemandem zu trennen. Aber sobald Sie sich einmal entschieden haben, was Sie von einer Beziehung erwarten, ist der Entschluss eine schlichte Angelegenheit.

FALLSTUDIE: Rosella und Tom

Rosella und Tom führten seit mehr als sechs Jahren eine feste Beziehung. Sie hatten sich an der Universität kennen gelernt und waren seitdem immer zusammen und einander treu. Seit einiger

Zeit lebten sie in einer schönen Wohnung direkt am Strand. Allerdings hatten sie sich im Verlauf des letzten Jahres ein wenig auseinandergelebt, und ihre Beziehung dümpelte irgendwie dahin. Zum Glück beging Rosella nun nicht den Fehler, Tom Vorwürfe zu machen, sondern schilderte ihm schlicht ihre Bedürfnisse. Sie sagte ganz ruhig: »Tom, ich habe das Gefühl, wir sind mit unserer Beziehung an einem Wendepunkt angelangt. Es ist an der Zeit, dass wir uns entweder enger binden, und damit meine ich, uns verloben, oder ich muss ausziehen.«

Oberflächlich gesehen mochte das wie ein Ultimatum wirken, doch sie sagte mit keinem Wort, dass es aus und vorbei sei, sondern erklärte ihm nur, unter welchen Bedingungen sie an ihrer Beziehung festzuhalten bereit war. In den nächsten Tagen schwieg sie zu diesem Thema und ließ Tom Zeit, darüber nachzudenken und sich selbst klar zu werden, was er sich wünschte. Außerdem zog Rosella sich vorübergehend zurück. Nach zwei Wochen hatte sie eine kleine Mietwohnung gefunden und die Kaution hinterlegt. Sie erzählte Tom bei einer Tasse Kaffee unprätentiös, wann sie dort einziehen werde.

Dieser Vorgang war natürlich sehr schmerzlich für beide, aber Rosella hatte Tom klar und deutlich – und ohne unfreundlich zu werden – zu verstehen gegeben, unter welchen Bedingungen sie mit ihm weiter zusammenleben wollte. Zwei Tage vor dem Einzugstermin lud Tom Rosella zu einem Spaziergang am Strand ein. Vor der rauschenden Brandung zog Tom einen Ring aus seinem Rucksack, ging vor Rosella auf die Knie und bat sie, ihn zu heiraten. Sie sagte sofort Ja.

Inzwischen sind die beiden zwölf Jahre verheiratet und haben zwei nette Kinder.

Warum hatte das so gut funktioniert? Ganz einfach: Rosella hatte nicht von Tom erwartet, dass er ihre Gefühle und Bedürfnisse erriet. Sie hatte auch nicht sofort eine Entscheidung verlangt, sondern hatte ihm Zeit gegeben (auch wenn es drei Wochen voller Tränen und Schmerz waren) zu erkennen, dass er sie nicht verlieren wollte. Nur so konnte er sich dazu entschließen, ihr den Wunsch zu erfüllen.

Toms Freunde meinten später dazu: »In diesen drei Wochen ist er zum Mann geworden.«

Der Preis eines Ultimatums

Menschen, und zwar sowohl Frauen als auch Männer, werden grundsätzlich aus zwei unterschiedlichen Beweggründen aktiv: entweder durch Schmerz = äußerer Zwang oder durch Anregung = eigener Wille. Die meisten Frauen stellen ihren Partner vor ein Ultimatum, wenn sie in einer Beziehung ihre Wünsche und Bedürfnisse über längere Zeit hintangestellt haben. Sie wehren sich, indem sie von ihm verlangen, dass er ihre Bedürfnisse ab sofort respektiert, wenn er die Beziehung nicht gefährden will. Sobald sie ihm jedoch die Pistole auf die Brust setzen, gerät er automatisch unter Zugzwang und fühlt sich in die Enge getrieben.

Das Ultimatum stellt ihn vor eine schmerzvolle Wahl: Entweder er kommt Ihrem Wunsch nach, um die Beziehung auf-rechtzuerhalten, obwohl er vielleicht noch nicht dazu bereit ist, oder er bleibt sich treu und nimmt dafür den Schmerz in Kauf, Sie zu verlieren.

Wenn Ihr Partner tatsächlich Ihnen zuliebe nachgibt, dann hat das einen hohen Preis: tiefe Abneigung. Er wird es Ihnen ein Leben lang übelnehmen, dass er diese schwerwiegende Entscheidung unter Zwang und nicht von sich aus getroffen hat. Wollen Sie ihm und sich das wirklich antun?

Die Mantras des Erfolgs

Finden Sie heraus, warum Ihr Partner vor einer
festen Bindung zurückscheut,
und wirken Sie diesem Grund gezielt, aber sanft
entgegen. Kommunizieren Sie ihm,
dass seine Befürchtungen grundlos sind.

Geben Sie einem Mann die Gelegenheit, sich um
Sie zu bemühen, statt umgekehrt Jagd auf ihn zu
machen. Nur so können Sie sein Herz dauerhaft
gewinnen.

Ziehen Sie nicht mit einem Mann zusammen,
bevor er seinen Wunsch nach einer festen,
verbindlichen Beziehung geäußert hat, am besten
mit einem Ring. Das mag altmodisch klingen,
aber eine Liebesbeziehung sollte man
nicht vor dem Hintergrund eingehen, finanzielle
Engpässe zu lösen. In dem Fall empfiehlt sich
eine Freundin als Mitbewohnerin.

Stellen Sie einem Mann nie ein Ultimatum, und fordern Sie nie von ihm, Sie zu heiraten. Seien Sie lieber eine Frau, die er aus freien Stücken unbedingt heiraten will.

Adieu, Macho – Ihr Mann, Ihr Freund und Helfer

»Männer erwarten grundsätzlich zu viel
und tun zu wenig.«

Allen Tate

»Mit der Methode ist eine Frau
in der Lage,
das Herz eines Mannes zu öffnen …
und seine Brieftasche.«

Donna und Sam

Wenn ein Mann im emotionalen Schneckenhaus sitzt

Hatten Sie schon einmal eine Verabredung mit einem Mann, der schier in Panik gerät, sobald Sie emotionale Dinge oder solche, die gar mit seinen Gefühlen zu tun haben, erwähnen? Ist er dann zufällig nervös geworden, hat seinen Schläger umklammert und sich Richtung Tennisplatz aus dem Staub gemacht? Das ist zum Schreien frustrierend, keine Frage – aber selbst solchen Problemen können Sie mit der Methode beikommen.

Unzulänglichkeit ade!

Unsicherheit ist einer der häufigsten Gründe dafür, dass Menschen sich emotional zurückziehen. Männer sind übrigens oft unsicherer, als man meint. Tatsächlich haben Männer vor kaum etwas mehr Angst als davor, ein Versager zu sein – als Geldverdiener, im Bett, in den Augen seiner Freunde, seiner Kinder, seiner Frau, seines Vaters, seiner Kollegen ... Die Liste ist endlos lang.

Wie also können Sie ihm am besten dabei helfen, diese Angst abzulegen? Wie ihn dazu bringen, sich Ihnen zu öffnen und Ihnen seine Probleme anzuvertrauen?

Da hilft nur eines: Päppeln Sie sein Ego auf, und verpassen Sie ihm regelmäßig Streicheleinheiten – er wird Sie dafür lieben. Der Unterschied zwischen einer durchschnittlichen und einer fantastischen Beziehung hängt unter Umständen davon ab, wie gut Sie darin sind, mit seinem Ego zu kommunizieren.

Achtung: Das Ego spielt eine große Rolle

Es passiert ständig und überall: Ein Mann, dessen Ehefrau oder Freundin attraktiv und erfolgreich ist, betrügt sie mit einer Frau, die kein Mensch zweimal anschauen würde. Warum nur? Weil Letztere es versteht, sein Ego aufzubauen und ihm das Gefühl zu geben, etwas Besonderes oder gar der wichtigste Mensch auf der Welt zu sein.

Lassen Sie es nicht so weit kommen, dass Ihr Mann sich nach einer anderen Frau umsieht, sondern geben Sie selbst ihm, was er für seine innere Zufriedenheit braucht: Spiegeln Sie ihm jeden Tag aufs Neue, wie wichtig er Ihnen ist, wie viel er Ihnen und der Familie bedeutet. Das tut darüber hinaus auch Ihnen gut, denn Sie werden sich seiner guten Seiten nicht nur stärker bewusst, sondern verstärken sie auch noch, wenn Sie sich anerkennend darüber äußern.

Sein Ego richtig ansprechen

Streicheleinheiten für das männliche Ego sind Komplimente für Eigenschaften oder Taten, die Sie an Ihrem Partner gut finden. Loben Sie ihn möglichst häufig, aber täuschen Sie dabei nichts vor; die Wertschätzung muss immer ernst gemeint sein. Sie manipulieren ihn nicht und machen ihm auch nichts vor, vielmehr sind Sie gut darin, das Beste in ihm zu erkennen und hervorzuheben – Eigenschaften, die er bereits besitzt, die nur ans Licht geholt und gewürdigt werden müssen.

Wir haben an dieser Stelle ein paar Aspekte zusammengetragen, um den typischen Krisen des männlichen Egos entgegenzuwirken:

- **Sein Körper:** Sagen Sie Ihrem Partner, was Sie an seinem Körper besonders sexy finden – seine kräftigen Beine, seine schönen Augen, seine starken Schultern, sein flauschiges, kuscheliges Brusthaar, was auch immer Ihnen an ihm besonders gut gefällt.
- **Seine Talente:** Ob er nun die Steaks perfekt gegrillt oder den Computer wieder zum Laufen gebracht hat, ob er sich beim Tennisspielen hervortut oder zuverlässig den Müll runterbringt – sparen Sie nicht mit Ihrer Anerkennung (vor allem, wenn es etwas ist, das Ihnen hilft), er wird es dann umso bereitwilliger tun.
- **Seine persönliche Art:** Ruft er seine Mutter regelmäßig an? Verhält er sich Fremden gegenüber freundlich? Mag

er Kinder? Ist er ein guter Kumpel? Solche Charakterzüge sind bei der Einschätzung eines Mannes wichtig. Nehmen Sie seine guten Eigenschaften wahr, und zollen Sie ihm dafür Anerkennung.

- **Seine Stärken:** Worin auch immer seine Stärken liegen – ob er ein pünktlicher Mensch ist oder leidenschaftlich gern Sport treibt und sich gesund ernährt –, lassen Sie ihn wissen, dass Ihnen das gut gefällt.

- **Seine Fähigkeiten beim Sex:** Sagen Sie ihm niemals, dass ein anderer Mann besser im Bett war als er oder dass Sie jemals einen Orgasmus vorgetäuscht haben. Sollten Sie sich sexuell von Ihrem Partner nicht befriedigt fühlen, dann lesen Sie das Kapitel »Bettgeflüster«. Wenn Sie dagegen finden, dass er ein guter Liebhaber ist, dann sagen Sie ihm das, und zwar nicht zu knapp. Erwähnen Sie es immer wieder, machen Sie am nächsten Tag in einer privaten E-Mail an ihn eine entsprechende Anspielung, sagen Sie es ihm beim Mittag- oder Abendessen, flüstern Sie es ihm im Restaurant ins Ohr.

- **Seine Hobbys:** Ob er sich nun für Sportwagen, Gitarren oder seine Briefmarkensammlung begeistert, äußern Sie sich positiv darüber. Geben Sie ihm die Sicherheit, dass Sie ihm seine Spleens und Hobbys von Herzen gönnen und es Ihnen nie in den Sinn käme, sie ihm austreiben zu wollen.

- **Seine Besitztümer:** Machen Sie ihm im Kreis seiner Freunde oder vor Ihren Freundinnen so dezent wie möglich Komplimente darüber. Schließlich wollen Sie ihn nicht in Verlegenheit bringen, sondern ihm ein Gefühl von Stolz vermitteln.

>*»Meine Freundin hat kürzlich vor ihren Freundinnen
gesagt, ich sei ›gut sortiert‹. Ich glaube,
ich bin ein bisschen rot geworden, aber innerlich
hätte ich sie küssen können.«*
SIMON (29), WEB-DESIGNER

Wenn Sie das Ego Ihres Partners auf diese Weise stärken, helfen Sie ihm, sich zu entspannen, und geben ihm das Gefühl, sich Ihnen emotional anvertrauen zu können.

FALLSTUDIE: Marie und Tim

Die erfolgreiche Anwältin Marie verbrachte mit ihrem Lebensgefährten Tim einen wunderbaren Tag am Strand. Tim hatte den Ausflug für sie und ihre Freundinnen perfekt organisiert. Als der Tag vorüber war und sie sich auf den halbstündigen Rückmarsch zum Parkplatz machten, war Tim wie ein Maultier mit Campingstühlen, Handtüchern, Picknickkorb und Kühlbox bepackt.

Eine von Maries Freundinnen fragte entsetzt: »Willst du Tim denn nicht tragen helfen?«

Marie erwiderte: »Natürlich. Er hat mich gebeten, das hier zu nehmen«, und hob eine Plastiktüte mit Essensresten und leeren Flaschen in die Höhe.

Die Freundin machte ein schockiertes Gesicht und wollte Tim etwas von seiner Last abnehmen.

Marie hielt sie zurück. »Hör zu«, begann sie, »er will es so, er tut es gern. All die schweren Sachen zu tragen gibt ihm das Gefühl, ein ganzer Mann zu sein. Es schmeichelt seinem männlichen Ego.«

Maries Freundin schüttelte ungläubig den Kopf. Sie konnte nicht verstehen, wieso Marie nicht ihren gerechten Anteil der Last tragen wollte.

Marie jedoch hatte begriffen, dass es ihrem Partner das Gefühl gab, ihr Held zu sein, wenn er das schwere Gepäck für sie trug. Und sie freute sich schon darauf, ihrem Helden und seinen starken Muskeln später zur Belohnung eine ausgiebige Massage zukommen zu lassen.

Mut zum offenen Visier

Während es relativ einfach ist, dem Ego eines Mannes die nötigen Streicheleinheiten zu geben und ihn so aufzurichten, lässt er sich in der Regel nur schwer dazu bringen, seine Gefühle zu äußern. Eher friert die Hölle ein, als dass ein Mann freiwillig und von sich aus seine innersten Gefühle und Gedanken mitteilt. Dieses Thema scheint für ihn schlicht nicht zu existieren.

Wenn Sie Ihren Partner am Ende einer harten Woche fragen, wie es ihm geht, dann wird er immer mit einem knappen »Gut!« antworten., und zwar egal, ob er vollkommen frustriert ist, gerade seinen Job verloren hat oder mit seinem besten Freund zerstritten ist. Während wir Frauen sofort über alles reden wollen, um danach gleich noch mal über alles zu reden, sind Männer so programmiert, dass sie erst einmal Dampf ablassen müssen. Bloß nicht auch noch darüber reden! Das in ihren Adern wallende Testosteron braucht vielmehr ein Ablassventil.

Sobald Sie merken, dass mit Ihrem Mann etwas nicht stimmt oder dass er auf hundertachtzig ist, sollten Sie ihm lieber aus dem Weg gehen. Lassen Sie ihn wissen, dass Sie jederzeit für ihn da sind, falls er darüber sprechen möchte, und belassen Sie es zunächst dabei.

Die beiden folgenden Beispiele sollen Ihnen zeigen, wie die Verständigung funktioniert und wie nicht:

Ungeschickt:

Sie: »Na, wie ist denn heute dein Meeting gelaufen?«

Er: »Verdammt mies.«

Sie: »Wieso? Was ist denn passiert? Ist dir der Auftrag durch die Lappen gegangen? Sag doch, was ist denn schiefgelaufen?«

Er: »Alles eben, ja?! Kannst du mich nicht mal in Ruhe lassen?«

Erfolgreich:

Sie: »Na, wie ist denn heute dein Meeting gelaufen?«

Er: »Verdammt mies.«

Sie: »Ach Schatz, das tut mir Leid.«

Dann drückt sie ihm kurz den Arm und sagt zärtlich: »Ich hab dich lieb« – mehr nicht. Dann zieht sie sich zurück.

Sie weiß, dass er niemanden um sich haben will, bis sich seine Wut gelegt hat. Sie weiß aber auch, dass sie die Geschichte später zu hören bekommen wird, wenn sie ihn in Ruhe lässt.

Ein weiteres Beispiel:

Ungeschickt:

Er: »Ich kann dir heute nicht helfen.«

Sie: »Wieso nicht? Du hast doch gesagt, dass du mir hilfst. Was ist denn los? Hm? Jetzt sag schon, warum kannst du nicht?«

Er: »Darum!«

Erfolgreich:

Er: »Ich kann dir heute nicht helfen.«

Sie: »Hmmm, na gut. An welchem Tag könnte ich dich denn noch mal fragen?«

oder:

Sie: »Hmmm, okay. Wann würde es dir denn besser passen?«

oder:

Sie: »Aha, na gut. Würdest du mir Bescheid sagen, wenn du meinst, dass es klappen könnte?«

Wenn eine Frau von einem Mann ohne Vorwarnung verlangt, ihr seine Gefühle oder ein Problem mitzuteilen, mit dem er sich herumschlägt, wird er sofort in Verteidigungsstellung gehen. Sie sollten Ihren Partner daher nie direkt fragen, geschweige denn ihm Vorwürfe machen, wenn er nicht darüber reden will, sondern lieber anders zum Ziel kommen.

Zum Beispiel so:

Erfolgreich:

Er: »Ich will nicht darüber reden.«

Sie: »Schon gut. Wenn du es dir anders überlegst, ich bin für dich da. Hab dich lieb, Schatz.«

oder:

Sie: »Kann ich irgendwas für dich tun? Wie wär's mit einer Massage? Oder einem überbackenen Käse-Sandwich? Oder sollen wir einen Spaziergang machen, damit du wieder einen klaren Kopf bekommst?«

Die richtige Art, sich auf Ihren Mann einzulassen, beweist ihm Ihre Zuneigung und gibt ihm zugleich den nötigen Freiraum, damit er auf seine Art mit seinen Gefühlen fertigwerden kann. Das fällt Ihnen natürlich nicht leicht, da Sie als Frau am liebsten alles sofort besprechen würden, aber schließlich geht es um sein Problem, nicht um Ihres.

Sesam, öffne dich!

Wenn Sie Ihrem Mann zu verstehen gegeben haben, dass Sie jederzeit für ihn da sind, und ihm genügend Freiraum gelassen haben, um sich selbst mit dem Problem auseinanderzusetzen, können Sie ziemlich gefahrlos den nächsten Schritt tun: Ermutigen Sie ihn dazu, Sie einzuweihen. Bedenken Sie dabei jedoch stets, dass Sie ihn nicht nach seinen Gefühlen, sondern nur nach dem Problem selbst fragen dürfen, von dem er Ihnen erzählen soll, sobald er bereit dazu ist. Seine Gefühle können Sie leicht seinem Tonfall und seiner Wortwahl entnehmen, wenn er Ihnen berichtet, was geschehen ist. Sollten Sie sich wirklich nicht zurückhalten können, dann fragen Sie so, dass er nur mit Ja oder Nein antworten muss.

Das klingt dann zum Beispiel so: »Hat dich das sehr genervt/geärgert/geängstigt/wütend gemacht?« Auf diese Weise fällt ihm das Antworten leichter.

Wir stellen Ihnen nun ein paar Regeln vor, die Sie beherzigen sollten, wenn Sie Ihren Mann dazu bringen wollen, sich Ihnen mitzuteilen.

Regel Nr. 1:
Der richtige Zeitpunkt ist alles

Wie bei allen anderen Anliegen, die Sie an Ihren Partner haben, sollten Sie nie von ihm verlangen, Ihnen Aufmerksamkeit zu schenken, wenn er gerade im Fernsehen ein Fußballspiel anschaut, mit einem Freund telefoniert oder sonst wie beschäftigt ist. Sie können Ihre teuersten Designer-Stiefel darauf verwetten, dass es nicht funktionieren wird. Handeln Sie (wie gehabt) mit ihm einen passenden Zeitpunkt aus, und warten Sie ab, bis er sich Ihnen wirklich zuwendet, bevor Sie sich in das Gespräch stürzen.

FALLSTUDIE: **Nancy und Joel**

Joels Vater war gerade gestorben, und ihm standen noch Tage später immer wieder die Tränen in den Augen, dennoch bekam er kein Wort über die Lippen. Selbst mit seiner Frau Nancy sprach er nicht darüber, obwohl er unter dem Verlust offensichtlich sehr litt. Nancy ließ ihn erst mal in Ruhe, denn sie wusste, dass er auf seine Weise mit seinen Gefühlen fertigwerden musste.

Am dritten Abend kochte sie ihm sein Lieblingsgericht. Als sie ihm ein Glas Wein hinstellte, sprach sie ihn leise an: »Joel, darf ich dich fragen, wie es dir geht? Du siehst schrecklich traurig aus. Du weißt, ich bin immer für dich da, Schatz.«

Für Joel war das, als hätte sie den Stöpsel aus der Badewanne gezogen. Er sagte noch immer nicht viel, aber er vertraute ihr an, dass es ihm sehr schwerfalle, den Verlust zu verschmerzen. Da ließ Nancy sich wortlos auf seinem Schoß nieder, umarmte, streichelte und liebkoste ihn, und Joel ließ seinen Tränen freien Lauf.

Hier gilt es zu wissen, wann Sie Ihren Mann, statt viele Worte zu machen, einfach nur trösten müssen.

Regel Nr. 2:
Zuhören!

Solange Sie reden, hören Sie nicht zu. Natürlich fällt Ihnen das als Frau schwer, aber bitte vergessen Sie nie: Wenn Sie Ihren Mann ständig unterbrechen, dann wird er sich bald zurückziehen, und Sie haben keine Chance mehr, an ihn heranzukommen. Verkneifen Sie sich lieber Ihre Kommentare, und lassen Sie ihm Zeit, um seine Gedanken zu sortieren und auszudrücken. Damit geben Sie ihm zu verstehen, dass er nicht unterbrochen und/oder kritisiert wird, sobald er den Mund aufmacht.

Außerdem: Wenn Ihr Partner sich schon entschlossen hat, sich Ihnen anzuvertrauen, dann sollten Sie ihm Ihre ungeteilte Aufmerksamkeit schenken und Sie nichts nebenher erledigen. Das heißt: kein Hantieren in der Küche, kein Staubwischen und kein Surfen im Internet. Gehen Sie auch nicht ans Telefon, wenn es klingelt.

Zum Schluss noch ein guter Rat: Sofern sich eine Gesprächspause ergibt, bewahren Sie Ruhe, und sagen Sie nichts. Er sortiert dann seine Gedanken, das braucht ein bisschen Zeit.

Regel Nr. 3:
Nicht attackieren

Wenn Sie dann tatsächlich zusammensitzen und er sich Ihnen anvertraut, haben Sie ihm damit eine wunderbare Sicherheitszone geschaffen, in der er keinen Angriff befürchten muss. Nur sollten Sie sich dann auch daran halten und ihm nicht plötzlich vorwerfen, dass er diesmal wirklich Mist gebaut habe. Weisen Sie lieber auf all die Dinge hin, die er richtig gemacht hat.

Beziehen Sie dabei ruhig seinen Standpunkt ein, indem Sie einige Schlussfolgerungen offenlassen und zum Beispiel sagen: »Wie schätzt du denn ein, dass ...?« Vermeiden Sie unter allen Umständen Angriffe wie »Wieso hast du eigentlich nie ...?«, und vergleichen Sie ihn weder mit dem Gatten Ihrer besten Freundin noch mit dem Nachbarn. Er würde sich sofort wieder in sein Schneckenhaus zurückziehen und nie mehr ein offenes Wort in Ihrer Anwesenheit wagen.

Regel Nr. 4:
Niemals verurteilen

Bitte denken Sie immer daran: Sie sind nicht in einer Episode von *Familien-Fälle* oder *Richterin Barbara Salesch*. Auch wenn Sie genau wissen, dass Ihr Partner einen Fehler gemacht hat: Sagen Sie nichts, sondern warten Sie ab, bis er Sie um Rat bittet. Wenn er Ihnen von einer Auseinandersetzung im Büro oder einem Streit mit einem Verwandten erzählt, dann hat er endlich den Mut gefasst, offen mit Ihnen zu reden, also machen Sie ihm bloß nicht vorschnell Vorwürfe!

Lassen Sie ihn ausreden, und fragen Sie ihn dann nach den Gründen für sein Verhalten oder was er sich davon versprochen hat. Wenn jemand einen Fehler gemacht hat, kommt er meist selbst zu dem Schluss, dass er damit falschlag. Sie sollten ihm das nicht auch noch unter die Nase reiben.

Regel Nr. 5:
Öffnen Sie sich, damit er sich öffnet

Erzählen Sie Ihrem Partner etwas Persönliches von sich selbst, um ihn zum Reden zu animieren. Wenn Sie zum Beispiel wissen, dass er eine schlimme Kindheit hatte, und es ihm schwerfällt, darüber zu sprechen, dann erzählen Sie ihm eine Anekdote aus Ihrer Kindheit. Es hilft ihm, wenn er erkennt, dass er nicht der Einzige ist, dessen Familie ihm das Leben schwer gemacht hat oder der es mit einem Vollidioten von Kollegen zu tun hat. Geben Sie Ihrem Partner das Gefühl, dass er Ihnen vertrauen kann, da Sie im selben Boot sitzen, und dass Sie ihn niemals verurteilen würden für das, was er Ihnen erzählen will.

Regel Nr. 6:
Niemand ist vollkommen

Stellen Sie in Ihrer Beziehung ein Einverständnis darüber her, dass es nicht verboten ist, Fehler zu machen. Wenn Sie bei irgendetwas gescheitert sind, dann können Sie das ruhig eingestehen oder auch zugeben, dass Ihnen ein Fauxpas passiert ist. Einigen Sie sich mit Ihrem Partner darauf, dass so etwas jedem passieren kann und dass niemand vollkommen ist. Damit nehmen Sie ihm den Druck von den Schultern, vor Ihnen das Gesicht wahren oder sich ständig beweisen zu müssen. So kann er auch einmal einen Fehler zugeben, ohne dass gleich die Welt zusammenbricht.

Regel Nr. 7:
Halten Sie sich zurück

Die Kunst, im rechten Moment zu schweigen, wird sich ohne jeden Zweifel auszahlen, wenn Sie erreichen wollen, dass Ihr Mann sich Ihnen öffnet. Die meisten Frauen hören nicht auf zu fragen: »Was hast du denn?«, »Worüber kannst du nicht reden?« oder »Was ist los mit dir?« Von Männern hören wir immer wieder die Klage, dass sie vielleicht eine Chance hätten, nachzudenken und ihre Gedanken mitzuteilen, wenn ihre Frauen endlich aufhören würden, sie ständig mit Fragen zu bombardieren.

Regel Nr. 8:
Niemals unaufgefordert Lösungen anbieten

Vergessen Sie nicht: Der Mann ist derjenige, der alles in Ordnung bringt. Er muss über ein Problem nachdenken und dann eine Lösung vorschlagen. Es muss *seine* gute Idee sein. Wenn Sie ihm dabei zuvorkommen, glaubt er, Sie hätten das Vertrauen in ihn verloren.

Regel Nr. 9:
Liebevolle Unterstützung führt zum Ziel

Wenn Ihr Partner einen schlimmen Tag im Büro hatte oder über irgendein anderes Problem nicht mit Ihnen sprechen will, so sollten Sie das akzeptieren. Lassen Sie ihn lediglich wissen, dass Sie jederzeit für ihn da sind, und zeigen Sie es ihm, indem Sie ihm geben, was er gerne mag: Essen, eine Umarmung, ein Kompliment, Liebe, Zuneigung. Danach lassen Sie ihn eine Weile in Ruhe. Sehen Sie nur alle paar Stunden nach ihm, damit er weiß, dass Sie jederzeit bereit sind, ihm zuzuhören, und erledigen ansonsten Ihre eigenen Angelegenheiten. Warten Sie ab, bis er auf Sie zukommt.

Achtung: Geizen Sie nicht mit Komplimenten

Wir hören von vielen Frauen Klagen darüber, dass es ihren Männern nie auffällt, wenn sie eine neue Frisur oder neue schicke Schuhe tragen. Wussten Sie, dass sich laut Umfragen 70 Prozent der Männer mehr Anerkennung von ihren Partnerinnen wünschen? Wie wäre es also, wenn Sie mit gutem Beispiel vorangehen und ihm ein paar Komplimente mehr machen als sonst, statt sich in Beschwerden über Ihren Partner zu ergehen?

Mehr Geld und Zeit? – Kein Problem!

Das liebe Geld sorgt in den meisten Beziehungen für Diskussionsstoff. Genauso wie das Thema Zeit. Fast alle Menschen haben zu wenig von beidem und gehen dementsprechend sparsam damit um. Manche mehr, manche weniger.

Das liebe Geld

Früher war es selbstverständlich, dass der Mann als der Ernährer der Familie für alles aufzukommen hatte und auch sämtliche Rechnungen bezahlte. Noch heute haben viele Männer ein Problem damit, wenn im Restaurant die Frau die

Rechnung übernimmt. Es gehört zum Bild des Beschützers, des Helden, dass er solche Dinge erledigt.

Heute, da Frauen im Berufsleben mehr oder weniger gleichberechtigt sind und manchmal sogar mehr verdienen als so mancher Mann, sind diese Vorstellungen etwas durcheinandergeraten. Manche Männer legen noch immer Wert auf ihre Beschützerrolle, andere sind der Meinung, dass eine selbständige Frau im Restaurant ihren Anteil durchaus bezahlen sollte.

> *»Ich finde, Männer sollten Frauen mit Respekt*
> *behandeln. Ich verdiene mein eigenes Geld,*
> *trotzdem mag ich es, wenn ein Mann sich wie ein*
> *Gentleman benimmt und mir die Tür*
> *aufhält oder im Restaurant die Rechnung übernimmt.*
> *Allerdings würde es mir ganz und gar nicht*
> *gefallen, wenn mein Ehemann mir sagte,*
> *was ich tun und lassen soll. Natürlich wäre ich*
> *seine Frau und würde Kinder bekommen,*
> *aber ich habe auch meinen Job.«*
>
> JESSICA ALBA, HOLLYWOOD-SCHAUSPIELERIN

Es ist schlicht eine Frage des Glücklichseins. Manche Frauen schätzen es, wenn ein Mann sich ihnen gegenüber galant verhält oder großzügig zeigt, weil sie sich dann umsorgt fühlen und es für sie ein Zeichen dafür ist, dass er ihre Gesellschaft mag. Großzügigkeit bedeutet allerdings nicht, dass er

die Hunderter nur so dahinblättern soll. Nein, es ist genauso romantisch, wenn er von seinem hart verdienten Geld an
einer Imbissbude zwei Bratwürste ersteht und es sich mit
seiner Freundin auf einer Bank in der Grünanlage gemüt-
lich macht.

Wie können Sie nun einen Mann dazu bewegen, sich Ihnen gegenüber stets wie ein Gentleman zu benehmen?

- Zeigen Sie schon im Voraus Anerkennung, Dankbarkeit
  und Vorfreude.
- Danken Sie ihm am Ende eines gemeinsam verbrachten
  Abends für die Einladung, und betonen Sie, wie wohl Sie
  sich dabei fühlen und wie aufmerksam Sie es von ihm fin-
  den, wenn er Sie so umsorgt.
- Rufen Sie auch später noch in zärtlichen Momenten die
  Erinnerung daran wach, wie sehr Sie jene Einladung ge-
  nossen haben.
- Würdigen Sie jedes Geschenk von ihm ausgiebig (und tau-
  schen Sie es auf keinen Fall um, auch wenn es nicht Ihrem
  Geschmack entspricht).

Vermeiden Sie es, bei den ersten Verabredungen mit einem Mann allzu viel Schmuck zu tragen, vor allem, wenn
es teurer Schmuck ist. Das könnte in ihm nämlich die Befürchtung auslösen, dass Sie ihn an den Bettelstab bringen.
Ihre Freundinnen mögen es attraktiv finden, sich mit Louis
Vuitton, Chanel, Prada, Gucci oder La Barca herauszuput-

zen, Männer tun das zumeist nicht. Ein Mann verliebt sich nicht in eine Frau, weil sie vor Diamanten glitzert. Er verliebt sich in die Frau, die Sie sind und die ihm ein gutes Gefühl gibt.

> *»Obwohl mein Mann anfangs sehr wenig*
> *verdient hat, hat er mir immer*
> *nette, kleine Geschenke gemacht!«*
> CINDY (29), ERNÄHRUNGSFACHFRAU

Beziehungsexpertin Cherry Norris, die in Los Angeles das erfolgreiche Seminar »Wie man seinen Mann kennen lernt und heiratet« führt, erinnert immer wieder daran, dass ein reicher Mann noch lange kein großzügiger Mann sein muss. Wenn Sie schon mehrere Bekanntschaften und Beziehungen hinter sich haben, dann wissen Sie nur zu gut, dass die gut betuchten Männer nicht selten die geizigsten sind. Sie bestehen im Restaurant auf getrennte Rechnungen und wollen danach ganz selbstverständlich mit Ihnen ins Bett. Oder sie bitten Sie, am Parkautomaten zu bezahlen, und verrechnen den Betrag dann bei den Drinks auf den Cent genau.

FALLSTUDIE: Lana und Simon

Die Kosmetikerin Lana war mit dem Bankier Simon verabredet, der sie in eines der teuersten Restaurants von New York einlud. Als die Rechnung kam, saß er mit verschränkten Armen reglos da. Zum Glück war Lana nicht knapp bei Kasse, da sie ihr eigenes, gut gehendes Geschäft führte, und so entschied sie sich, ihre Hälfte selbst zu bezahlen. Schließlich waren sie mit ihrer Beziehung noch im Anfangsstadium, und sie wollte nicht wie eine Nutznießerin dastehen. Nachdem sie das Geld auf den Tisch gelegt hatte, machte Simon noch immer keine Anstalten, seine Geldbörse zu zücken. Da legte sie den Rest der fälligen Summe dazu, verschwand in Richtung Damentoilette und rief eine Freundin an, um sich abholen zu lassen.

Lana war wie vor den Kopf geschlagen, immerhin war der Abend Simons Idee gewesen: Er hatte das Restaurant ausgewählt und sie eingeladen, und nun ließ er sie die komplette Rechnung bezahlen?

Nun denn, auch in solchen Momenten lernt man jemanden besser kennen. So gesehen ist jede neue Bekanntschaft zuerst ein Risiko. Trotzdem hätte Lana, statt die Kosten auf sich zu nehmen, der Situation (und dem Mann) zu entfliehen und ihm auch noch ein kostenloses Abendessen zu bescheren, die Sache zumindest ein wenig geraderücken können.

Zum Beispiel so:

- **Ihn um Rat fragen:** »Tja, was machen wir jetzt mit der Rechnung?«
- **Ein Problem verkünden:** »Tut mir leid, ich habe weder meine Kreditkarte noch allzu viel Bargeld dabei. Wie sollen wir das mit der Rechnung regeln?«

- **Anerkennung ausdrücken:** »Vielen Dank für die Einladung. Ein wunderbares Restaurant. Ich habe jede Minute genossen, und das Essen war einfach köstlich.«

- **Ungläubigkeit demonstrieren:** Hätte Simon sie gebeten, die Hälfte der Rechnung zu bezahlen – oder einen anderen nicht akzeptablen Vorschlag gemacht –, wäre es sehr wirkungsvoll gewesen, wenn sie zutiefst ungläubig hervorgestoßen hätte: »Das soll wohl ein Witz sein, oder?« Das treibt einem Schmarotzer, der sich wie ein Mann von Welt gebärdet, die Schamesröte ins Gesicht, woraufhin er mit gesenktem Kopf rasch seine Geldbörse zieht.

Seine wertvolle Zeit

Wenn Sie sich wünschen, dass ein Mann Zeit mit Ihnen verbringt, dann begehen Sie nicht den Fehler, ihn ganz allgemein darum zu bitten. Machen Sie lieber konkrete Vorschläge, was Ihnen gefallen würde, etwa: »Ich hätte große Lust, heute Abend zum Spanier um die Ecke essen zu gehen, die Margaritas hinterher machen einen immer so schön beschwipst«, oder: »Heute ist so herrliches Wetter, wollen wir einen Spaziergang um den See machen?«

Danach gilt wie schon so oft: schweigen und abwarten. Wenn Ihr Partner nicht darauf reagiert oder angeblich zu müde ist, dann können Sie nur die Bemerkung fallen

lassen, dass sich Sie dann eben mit anderen Leuten verabreden.

Bitte bedenken Sie: Es mag sich verrückt anhören, aber je
mehr Sie selbst unternehmen und Spaß dabei haben, umso
eher wird ein Mann den Wunsch haben, Zeit mit Ihnen zu
verbringen.

Die Mantras
des Erfolgs

Männer können genauso unsicher sein
wie Frauen – wenn nicht noch mehr!

Versorgen Sie sein Ego mit ernstgemeinten
Streicheleinheiten.

Machen Sie Ihrem Partner Mut, seine Abwehrhaltung aufzugeben, indem Sie nicht von
ihm verlangen, dass er sofort oder überhaupt
über seine Gefühle redet. Lassen Sie ihn in Ruhe;
er wird reden, wenn er dazu bereit ist.

Der richtige Zeitpunkt ist alles.

Greifen Sie Ihren Partner nie an, und verurteilen
Sie ihn nie. Wenn er endlich redet, dann lassen
Sie ihn sprechen.

Einen Mann dazu zu bringen, großzügig zu sein,
ist nicht leicht – aber machen Sie ihm
keinen Druck. Verlangen Sie nichts, verhalten Sie
sich ausschließlich anerkennend.

Ein Mann wird den Wunsch haben, mehr Zeit
mit Ihnen zu verbringen, wenn er den
Eindruck hat, dass Sie viel Spaß haben … und
er nur zu gern dabei wäre.

———————

Mit dem Kind im Mann Frieden schließen

———————

»Der einzige Unterschied zwischen
einem Mann und einem
kleinen Jungen liegt in den Kosten
für ihr Spielzeug.«

Quelle unbekannt

»Erkennen Sie den
Mann im Jungen.«

Donna und Sam

Was Frauen wollen

Die meisten Frauen wollen eine Beziehung mit einem Mann, nicht mit einem kleinen Jungen. Männer finden diesen Gedanken etwas beleidigend (»Was ist denn so schlimm daran, wenn ich den ganzen Sonntag Videogames spiele ... die Klobrille hochgeklappt lasse ... mich von Fünf-Minuten-Terrinen ernähre ... lieber um die ganze Welt ziehe, als mit einer Frau eine Familie zu gründen?«, wundern sie sich). Frauen dagegen wünschen sich einen reifen, erwachsenen Mann, und zwar auf dem ganzen Globus.

Wer möchte schon einen Hasch rauchenden, videospielsüchtigen, arbeitslosen Fünfunddreißigjährigen als Partner, der keinen Cent in der Tasche hat und auf den man ständig aufpassen muss? Das ist natürlich das eine Extrem. Andererseits kann sich selbst der erwachsenste Mann manchmal wie ein kleiner Junge benehmen ... und das nicht selten im ungünstigsten Moment, etwa wenn Sie auf seine Hilfe angewiesen sind. Wie also erreichen Sie, dass Ihr Mann ein Mann wird?

Was Männer wollen

Während Sie das kindische Benehmen Ihres Mannes als ärgerlich, peinlich und ... eben kindisch empfinden, hält er es für einen natürlichen, harmlosen Teil seiner Persönlichkeit. Wenn Sie sich darüber beklagen, denkt er, die gönnt mir wohl gar keinen Spaß!, die will mich nur schikanieren, oder, noch schlimmer: Gemeine Ziege! Männer empfinden Frauen in solchen Situationen oft als Spielverderberin und bösartige, alte Hexen.

Tatsache ist, dass alle Männer im Herzen kleine Jungen sind. Sie lieben neue Spielzeuge, Spiele, Apparaturen, Abende unter Freunden und werden um keinen Preis darauf verzichten wollen, nicht einmal für den fantastischsten Sex auf der Welt (zumindest nicht für lange). Ganz sicher wollen Männer sich diesen Teil ihres Lebens nicht nehmen lassen, schon gar nicht von ihren Frauen. In diesem Dilemma wird es Ihnen nur mit der Methode gelingen, eine gewisse Ausgewogenheit herzustellen. Versuchen Sie Ihren Mann im Herzen jung bleiben zu lassen und dennoch Krisen zu vermeiden, ihm seine Verantwortung nicht abzunehmen und Ihre Beziehung nicht zu gefährden.

FALLSTUDIE: **Rachel und Fred**

Rachel (32), eine attraktive freie Schriftstellerin, beschreibt uns, wie sie ihren Mann dazu brachte, erwachsen und verantwortungsvoll zu werden.

»Wir haben zwei Kinder unter fünf Jahren, und wenn man sie den ganzen Tag um sich hat, kann einen das verrückt machen. Mein Mann Fred hat oft nur die Füße hochgelegt und mir gesagt, dass er ein bisschen Ruhe nötig hätte, wenn er abends nach Hause kam. Ich weiß, dass sein Job in der Bank sehr stressig ist, aber einen Haushalt mit zwei kleinen Kindern zu führen ist auch anstrengend. Es hing mir schon zum Hals heraus, ständig an ihm herumzunörgeln, damit er sich auch mal engagiert.

Dann wurde eines Tages meine Mutter krank und musste schnell in die Klinik gebracht werden. Ich musste mich entscheiden: Entweder ich nahm die Kinder mit und kam vielleicht nicht mehr rechtzeitig zu ihr, oder ich brachte Fred dazu, in die Bresche zu springen. Ich wusste ganz genau, wenn ich ihn jetzt anrufen und zu ihm sagen würde: »Du hilfst mir nie bei irgendetwas, aber jetzt, dieses eine Mal, musst du mir helfen. Wenn du das nicht tust, dann werde ich dir das nie verzeihen … blablabla«, dann würde er sich sofort hinter einer Ausrede verschanzen.

Also habe ich ihm die Situation ganz ruhig und vernünftig erklärt, und dann … habe ich ihn nicht etwa gebeten, mir zu helfen, sondern gar nichts mehr gesagt. Wissen Sie, was? Er hat es ganz von alleine beschlossen. Nach einer kurzen Pause sagte er, er komme sofort nach Hause und kümmere sich um die Kinder.«

Niemals Mutterersatz spielen

Wie sehr Sie das Verhalten Ihres Mannes auch stört, Sie sollten ihn nicht daran hindern, das zu tun, was er tun will. Sie sollten ihn allerdings auch nicht in seiner Unselbständigkeit

unterstützen. Tatsache ist: Je mehr eine Frau ihren Mann bemuttert, umso verwöhnter wird er.

Um erwachsen und selbständig zu werden, muss ein jun-
ger Mann das schützende Elternhaus verlassen und in die
Welt hinausgehen. Manche Mütter können ihre Söhne jedoch nicht loslassen. Wenn er trotzdem geht, kann es sein,
dass er Schuldgefühle entwickelt, weil er sie verlassen hat.
Manche Männer versuchen diese Schuldgefühle zu mildern,
indem sie sich eine Frau suchen, die sie umsorgt und eine
Art Mutterersatz ist.

Wenn Sie diese Rolle übernehmen, machen Sie alles nur
noch schlimmer. Warum sollte ein Mann eigene Entscheidungen treffen, wenn Sie schon darauf warten, ihm diese
Mühe abzunehmen? Gleichzeitig rauben Sie ihm damit jeden
Freiraum, um zu lernen, wie man sich selbst um seine Angelegenheiten kümmert. Er wird für immer ein Muttersöhnchen bleiben. Wenn Sie also Ihren Mann bemuttern und ihn
als kleinen Jungen behandeln, dann ist es Ihr eigener Fehler,
wenn er sich auch so benimmt.

Das Muttersöhnchen: Selbst wenn er sich am
Arbeitsplatz wie ein Mann gebärdet, bleibt er im Privaten unselbständig. Er neigt dazu, sich von Frau-
en finanziell abhängig zu machen, verbringt wie ein
Halbwüchsiger ganze Wochenenden mit Videospielen, hängt abends mit Gleichgesinnten herum, statt

eine Frau auszuführen, und hält seine Couch für den romantischsten Ort der Welt. Er weigert sich, für sich selbst – geschweige denn für sonst etwas – die Verantwortung zu tragen.

FALLSTUDIE: **Holly**

Nehmen Sie Holly (29), eine erfolgreiche Immobilienmaklerin, als warnendes Beispiel. Holly hatte sich immer in unreife, junge Männer verliebt, die nicht im Traum daran dachten, sich auch um sie zu kümmern. Ihr Selbstbewusstsein, was Männer und Beziehungen betraf, lag schließlich vollkommen danieder. Sie dachte jedes Mal, dass ihr Freund bei ihr bleiben würde, wenn sie seine unreifen Vergnügungen unterstützte. Außerdem überschüttete sie ihn mit Geschenken.

Es ruinierte sie nicht, aber es machte die Beziehungen auch nicht besser. Jeder dieser jungen Männer ließ sich von ihr verwöhnen, hatte ihr selbst nichts zu geben und ging weiter seinen eigenen Vergnügungen nach. Es dauerte eine ganze Weile, bis Holly begriff, dass sie etwas Besseres verdient hatte, und schließlich den Mut und die Kraft aufbrachte, sich von solchen Männern abzuwenden. Sie hatte gelernt, dass ihr bisheriges Verhalten nie zu einer guten, dauerhaften Beziehung führen würde, in der jeder Partner Verantwortung übernimmt.

Keine feste Beziehung mit unreifen Jungen

In der amerikanischen Liebeskomödie *Couchgeflüster* spielt Uma Thurman die siebenunddreißigjährige Rafi Gardet, eine erfolgreiche Karrierefrau aus Manhattan, die den dreiundzwanzigjährigen angehenden Künstler Dave Bloomberg kennen lernt. Er steht noch nicht auf eigenen Füßen und wohnt noch bei seinen Großeltern. Zwischen den beiden funkt es, und sie stürzen sich in eine leidenschaftliche Beziehung mit elektrisierendem Sex. Bald zieht Dave bei der wohlhabenden Rafi ein und verbringt die Tage auf ihre Kosten mit Videospielen und seinen Freunden, die er in ihre Wohnung einlädt, während sie ihrer Arbeit nachgeht. Nach einer Weile erkennt Rafi, dass Dave noch immer ein kleiner Junge ist und keine Anstalten macht, erwachsen zu werden. Im Gegenteil, er erwartet von ihr, dass sie ihn bemuttert und versorgt, und die Beziehung verliert rasch an Attraktivität. Sogar ihr anfangs fantastisches Sexleben verläuft im Sande.

Merken Sie sich: Schenken Sie einem Mann niemals Videospiele, wenn Sie nicht wollen, dass Ihr Sexleben bald nicht mehr so ist, wie Sie es kennen und schätzen. Muten Sie sich eine solche Erfahrung nicht zu, sondern achten Sie deswegen von Anfang an darauf, ob der Mann, mit dem Sie sich verabreden, ein Mann oder ein kleiner Junge ist, der nicht erwachsen werden will.

Anzeichen für das eine wie das andere haben wir Ihnen in der folgenden Tabelle zusammengestellt:

MANN	KLEINER JUNGE
gibt eindeutige Signale	wartet darauf, dass Sie die Führung übernehmen
sagt, was er will	erwartet, dass Sie seine Gedanken lesen
schlägt Ort und Zeitpunkt für eine Verabredung vor	erwartet, dass Sie für seine Unterhaltung sorgen
übernimmt die Rolle des Versorgers	nimmt gern Geld und Geschenke von Ihnen an
beschützt Sie	erwartet, dass Sie ihn vor allem Bösen abschirmen
führt Sie aus	hängt nur ziellos herum
ist Ihnen zu Diensten	erwartet, dass Sie ihm zu Diensten sind
macht Vorschläge, um Ihnen zu gefallen	tut, was ihm gefällt
ist offen und ehrlich	lebt nach dem Motto »Keine Fragen – keine Antworten«
hält, was er verspricht	hält sich nicht an Verpflichtungen und Versprechen
widmet sich Ihnen	widmet sich nur seinen eigenen Vergnügungen
arbeitet schwer, um Ansehen zu erringen	macht sich das Ansehen einer Frau zunutze
hat einer Frau mehr zu bieten als Sex	hält seinen Penis für das größte Geschenk überhaupt
ist Herr über seine Gefühle	lässt sich von seinen Gefühlen beherrschen

MANN	KLEINER JUNGE
zeigt sich großzügig	erwartet großzügige Belohnungen
ist loyal gegenüber jenen, die er beschützt	ist loyal nur gegenüber seinen eigenen Bedürfnissen

Kann man aus einem kleinen Jungen einen Mann machen?

Nein, das ist leider nicht möglich. Natürlich kann man einen kleinen Jungen dazu anregen, sich endlich wie ein erwachsener Mann benehmen zu wollen. Allerdings können Sie Ihren Partner ins Leere laufen lassen, wenn er sich unreif gebärdet, und ihm Anerkennung zollen, wenn er sich wie ein Mann verhält. Sie können ihm auch zu verstehen geben, was Sie sich von ihm wünschen, und damit versuchen, den Mann im Jungen anzusprechen. Ändern aber muss er sich von selbst.

In fünf Schritten vom kleinen Jungen zum Mann

Sie können einen kleinen Jungen nicht gegen seinen Willen zum Mann machen, aber Sie können die Entwicklung beschleunigen.

Halten Sie sich dazu an die folgenden Schritte:

1. Hören Sie auf, Ihren Partner von allem abzuschirmen. Frauen hegen oft die Hoffnung, ein Mann bleibe bei ihnen, wenn sie ihn vor der großen, bösen Welt beschützen und ihn nicht mit ihren eigenen Bedürfnissen belasten. Damit sorgen Sie jedoch nur dafür, dass er nie erwachsen wird. Sie sollten ihm ganz im Gegenteil erklären, was Sie in der Beziehung empfinden und wollen, und von ihm fordern, dass er Sie ernst nimmt. Das kann im Einzelfall bedeuten, dass er beschließt, Sie zu verlassen, aber das wäre wahrlich kein großer Verlust für Sie, solange eine wirkliche Beziehung mit ihm nicht möglich ist. Je mehr Sie ihn seinen Teil dazu beitragen lassen, umso mehr Selbstvertrauen als erwachsener Mann wird er entwickeln.

2. Halten Sie sich anschließend zurück, und lassen Sie ihm Zeit, Maßnahmen zu ergreifen. Manche Männer müssen erst Erfahrungen sammeln, wenn es darum geht, Entscheidungen zu treffen und Lösungen zu finden.

3. Zollen Sie ihm für seine Bemühungen Anerkennung, wann immer er sich wie ein Erwachsener benimmt. Freuen Sie sich, wenn er langsam die Initiative ergreift, für Sie beide etwas zu planen und vielleicht sogar selbst dafür zu bezahlen, statt zu erwarten, dass Sie die Geldbörse zücken. Ebenso positiv ist es, wenn er allgemein immer mehr Verantwortung übernimmt und sich höhere Ziele steckt.

4. Haben Sie Geduld. Überlegen Sie sich vorher, wie viel Zeit Sie ihm lassen wollen, und wie lange Sie auf erste Anzeichen einer Besserung warten wollen.

5. Halten Sie sich an Ihre Zeitvorgabe – Sie sollten nicht ewig warten. Wenn Sie sich ein inneres Ultimatum gesetzt haben und sich der Zeitpunkt nähert, informieren Sie Ihren Partner darüber. Wenn Sie sich innerlich bereits von der Beziehung gelöst haben, sind Sie nämlich fort, bevor er weiß, wie ihm geschieht. Es ist zweifelsohne besser, ihn vorzuwarnen und ihm noch eine Chance zu geben, um sich zu besinnen, als ihn ratlos stehen zu lassen und die Beziehung zu beenden.

Im Herzen jung

Auch reife Männer können im Herzen jung bleiben. Eigentlich ist das sogar die ideale Kombination. Ein Mann kann reif und verantwortungsbewusst und trotzdem jungenhaft verspielt sein, hin und wieder Witze reißen, sich für glänzende, neue Geräte, schnelle Autos und Fußball begeistern. Bestärken Sie Ihren Partner ruhig darin, denn es hilft ihm, Stress abzubauen und länger gesund zu bleiben. Schließlich wollen wir unsere Männer möglichst lange behalten.

Ist er reif genug?

Natürlich möchten Sie, dass Ihr Mann glücklich ist und im Herzen jung bleibt, aber Sie müssen ihm (und sich selbst) auch klarmachen, dass Sie es nicht hinnehmen können, wenn er Sie ausnutzt.

Sollten Sie sich nicht sicher sein, ob er für eine dauerhafte Beziehung reif genug ist, dann stellen Sie sich die folgenden Fragen:

- Womit beweist er Ihnen seine Zuneigung und Liebe?
- Was tut er, um Ihr gemeinsames Leben sicher und angenehm zu gestalten?
- Welche Anstrengungen unternimmt er, um Ihnen einen Gefallen zu tun?

Wenn Ihnen zu diesen Fragen befriedigende Antworten einfallen, dann ist Ihr Partner reif genug für eine feste Beziehung. Wenn er sich meistens erwachsen und verantwortungsvoll verhält, dann müssen Sie sich keine Sorgen machen, wenn er hin und wieder mal ausbricht und wie ein kleiner Junge seinen Spaß hat. Er weiß, was er sich erlauben kann und wann er wieder zu seinem verantwortungsvollen Ich zurückkehren muss. Abgesehen davon macht das Leben mit ihm großen Spaß! Mit einem solchen Partner werden auch Sie im Herzen jung bleiben.

Erklären Sie ihn nicht für dumm

Ein Mann braucht die Sicherheit, dass seine Frau seine Kleine-Jungen-Träume unterstützt. Hören Sie sich seine Vorstellungen also zumindest an, und legen Sie nicht automatisch ein Veto gegen ein Vorhaben ein, weil Sie es albern finden. Seine Träume sind wichtig, denn es geht nicht nur um das Boot, das Wohnmobil oder den Rennwagen – glauben Sie uns. Es geht um die unerfüllten Sehnsüchte seiner Jugend. Wollen Sie, die Frau, die er erwählt hat, sich wirklich hinstellen und seine Seifenblasen mit Bemerkungen wie »So was Blödes hab ich ja noch nie gehört!« platzen lassen? Bitte nicht.

Um in Ihrer Beziehung innerlich jung zu bleiben sowie Freude und Begeisterung zu erhalten, ist es wichtig, dass Sie sich Ihre Kindheits- und Jugendträume gegenseitig erzählen. Versuchen Sie, Ihrem Partner bei der Verwirklichung seiner Träume zu helfen, sofern es machbar ist. Sie werden sich bald beide jünger fühlen und neue Kraft für Ihre Beziehung schöpfen.

Trotzreaktionen des Kindes im Mann vermeiden

Wenn Sie nicht zulassen, dass hin und wieder das Kind in Ihrem Mann auf harmlose Weise zum Vorschein kommt, könnte sich das irgendwann gegen Sie richten. Erwachsen zu werden ist nicht immer angenehm. Im Alltag jagt eine Pflicht und eine Notwendigkeit die andere: Rechnungen stapeln sich, der Haushalt ruft, der Chef ist ein Tyrann, das Auto muss repariert werden, das Baby schreit nächtelang und so weiter.

Bei all dem Stress ist es heilsam und daher doppelt wichtig – und zwar auch für Ihre Beziehung –, wenn der Mann sich gelegentlich in einen kleinen Jungen zurückverwandeln darf. Reagieren Sie darauf mit Unverständnis, sollten Sie auf eine Trotzreaktion gefasst sein! In diesem Augenblick tut er sowieso, was er will – auch wenn er weiß, dass Ihnen das nicht gefällt. Dieses Bedürfnis ist so stark, dass er sogar bereit ist, einen handfesten Streit zu riskieren.

FALLSTUDIE: **Lindsay und Vince**

Eines Tages stand auf der Straße vor Lindsays gepflegtem Rasen plötzlich ein Anhänger mit einem alten Fischerboot. Hm, dachte sie, das muss dem Nachbarn gehören. Aber das Wrack blieb die ganze Woche über dort stehen, und schließlich wandte sie sich an ihren Mann Vince. »Schatz, hast du eine Ahnung, wem dieses verrostete Boot da draußen gehört?«

Vince sah sie an wie ein begossener Pudel. »Ach, ja … das ist unser Boot. Ich habe es gerade für uns gekauft.«

Lindsay schnappte nach Luft und ließ sofort ihre übliche Tirade vom Stapel. »Was soll das? Du hast mir nie gesagt, dass du ein Boot kaufen wolltest! Was zum Teufel soll das?«

»Doch, ich hab's dir gesagt. Du hörst mir eben nie zu«, erwiderte Vince.

Lindsay kam mehr als frustriert zu uns.

»Jedes Mal, wenn er einfach tut, was er will, obwohl er weiß, dass ich dagegen bin, behauptet er, er hätte es mir vorher gesagt. Aber ich könnte mich daran erinnern, wenn er mir gesagt hätte, dass er ein unnötiges Boot kaufen will.«

»Was wäre, wenn er es Ihnen vorher gesagt hätte?«, erkundigten wir uns. »Hätten Sie es dann in Betracht gezogen?«

»Nein! Natürlich nicht!«, antwortete sie empört.

Genau darin lag das Problem der beiden. Für Lindsay kam es nämlich gar nicht in Frage, das Kind in ihrem Mann zu akzeptieren. Hätte sie hingegen Vince das Gefühl gegeben, dass er mit ihr über seinen Kindheitstraum, ein Boot zu besitzen, sprechen kann, dann hätten sie sich darüber verständigen können, wie dieser Traum sich erfüllen ließe. Vince hätte vielleicht sogar eingesehen, dass es genauso schön gewesen wäre, ein Boot für einen Nachmittag zu mieten, statt den verrosteten Kahn billig zu erstehen und dann vor dem Haus abzustellen – als unschönen Anblick und Anlass für einen gehörigen Ehekrach.

Abhilfe bei Midlife-Crisis

So manchen Mann überkommt eines Tages die Erkenntnis, dass er gar nicht der Held ist, für den er sich immer gehalten hat. Das macht ihm so sehr zu schaffen, dass er schließlich irgendetwas unternimmt, um wieder zu dem Helden zu werden, der er sein möchte. Dahinter steckt ganz einfach eine Midlife-Crisis.

Seine Entfremdung verstehen

Auch wenn er anscheinend alles hat, was das Herz begehrt – ein schönes Haus, zwei Autos, eine liebevolle, attraktive Frau, zwei süße Kinder, einen wohlwollenden Chef und einen ihm treu ergebenen Hund –, kann sich ein Mann an nichts mehr freuen, wenn er in der Midlife-Crisis steckt. Er hat das Gefühl, dass seine Umwelt und er sich fremd geworden sind. An diesem Punkt wird es gefährlich, denn er wird unbesonnen und unberechenbar.

Da er den Menschen und Dingen um ihn herum keinen Wert mehr beimisst, läuft er Gefahr, sein Leben und das seiner geliebten Menschen dramatisch durcheinanderzubringen, weil er allem und jedem entgehen möchte. In dem verzweifelten Versuch, dem Gefühl der Sinnlosigkeit und der Unruhe in seinem Herzen zu entfliehen, wird der Mann in der Midlife-Crisis rücksichtslos. Diese Entfremdung kommt allerdings nicht aus der Welt, sondern aus seinem eigenen irrenden Denken und Fühlen sowie seinem angeschlagenen Selbstbewusstsein.

Seiner Entfremdung entgegenwirken

Eine in der Methode versierte Frau findet jeden Tag hundert Anlässe, um ihrem Mann das Gefühl zu geben, dass er ihr Held ist, und so seiner Enttäuschung über sich selbst entgegenzuwirken. Wenn Ihr Mann tagtäglich das Gefühl hat, der Allerbeste für Sie zu sein, hilft ihm das, der Midlife-Crisis zu entgehen. Sie können ihm dieses Gefühl auch mit kleinen

Dingen geben, mit einem Kompliment über seine Hemden-wahl oder den frisch gemähten Rasen, ebenso mit einer neckischen SMS, während er im Büro ist. Oder Sie denken sich eine Herausforderung für ihn aus, die ihn für eine Weile von der Sinnfrage »Ich habe alles und was jetzt?« ablenkt. Eine neue Aufgabe, ein neues Abenteuer beantwortet diese Frage und lenkt sein Denken und seine Energie in eine kontrollierte Richtung.

Eine andere Möglichkeit besteht darin, Ihren Partner dazu anzuregen und ihm dabei zu helfen, seine Jugendträume zu verwirklichen. Wenn er als Junge davon geträumt hat, den Amazonas hinunterzupaddeln, reden Sie ihm gut zu, es zu tun! Und wenn Sie mutig sind, dann begleiten Sie ihn! Vergessen Sie nicht, dass gemeinsam bestandene Abenteuer das Band zwischen Ihnen stärken. Mit ihm gemeinsam seine unerfüllten Träume wahr werden zu lassen verbindet Sie – sie ihm zu verwehren und weiter in seinem Kopf kreisen zu lassen bringt Sie dagegen auseinander.

Die Mantras
des Erfolgs

Bedenken Sie, dass alle Männer im Herzen
kleine Jungen sind, und akzeptieren
Sie es, statt dagegen anzukämpfen.

Bemuttern Sie Ihren Mann nicht –
damit fördern Sie lediglich unreifes Verhalten.

Beherzigen Sie, dass Sie aus einem
kleinen Jungen keinen erwachsenen Mann
machen können – Sie können ihn aber
dazu anregen, ein Mann werden zu wollen.

Geben Sie Ihrem Mann nicht das Gefühl,
dumm zu sein – selbst wenn er
ab und zu Dummheiten macht.

Helfen Sie ihm, der Midlife-Crisis zu entgehen,
indem Sie ihm tagtäglich das Gefühl
geben, der Allerbeste für Sie zu sein.

Wie Sie für guten Sex und dauerhafte Anziehungskraft sorgen

Schluss mit zerknitterten Hemden, ungepflegten Haaren und Rettungsringen

---

»In Kleidungsfragen sind Männer
wichtiger als Handtaschen,
aber weniger wichtig als Schuhe.
Auf jeden Fall sind
wir reine Accessoires.«

Ashton Kutcher, in Harper's Bazaar

»Wenn ein Mann erfolgreich aussieht,
gehen wir davon aus, dass er es auch ist.«

Donna und Sam

Was Sie ändern können ...
und was nicht

Wir wissen, liebe Leserinnen, dass es Ihnen am liebsten wäre, wenn Ihr Mann immer tipptopp gepflegt wäre und eine gute Figur hätte. Wenn Sie schon sein Innenleben beeinflussen, warum nicht auch seine äußere Erscheinung?

Natürlich muss er nicht die Muskeln von Arnold Schwarzenegger oder die Eleganz eines Karl Lagerfeld haben. Aber wenn Ihnen seine zottelige Rückansicht, die zerknitterten, ausgeblichenen T-Shirts, die wie Pyjamas wirken, und seine Vorliebe für diese grauenhaften Marshmallow-Sneaker absolut gegen den Strich gehen und Sie sich wünschen, dass er auch nur ein Mal eines von den Polohemden anzieht, die ein Vermögen gekostet haben, dann sollten Sie aufmerken. Wir haben für Sie in diesem Kapitel nämlich ein paar Tipps, die das Blatt wenden könnten.

Sicher, jeder Mann könnte besser aussehen, wenn eine Frau sich seiner annähme. Aber bevor Sie aktiv werden, denken Sie noch einmal darüber nach: Ihr Mann ist kein Model. Er ist auch nicht Ihre Anziehpuppe. Er ist eben ein Mann. Mit Haarwuchs an allen möglichen und unmöglichen Stellen. Mit einem Bart, der kratzt. Und sehr wahrscheinlich auch mit einem Bierbauch.

Akzeptieren Sie das. Lieben Sie ihn, so wie er ist und weil er so ist. Umgekehrt erwarten Sie das ja auch von ihm, oder?

Andererseits spielt körperliche Attraktivität in Liebesbeziehungen eine große Rolle. Wenn Sie also ehrlich der Meinung sind, dass um seiner Gesundheit willen, für sein oder auch Ihr Wohlergehen oder für Ihrer beider sexuellen Genuss hier oder da etwas abgeschnippelt, verkleinert, gepflegt oder verändert werden müsste, dann lesen Sie weiter.

Seine Garderobe aufpeppen

Sie kennen bestimmt den alten Spruch »Kleider machen Leute«. Frauen nehmen sich das auch heute noch allzu sehr zu Herzen. Also liegen sie ihrem Partner ständig in den Ohren, er möge doch mehr auf seine Kleidung achten, er solle seine Schuhe putzen, modischere Jeans tragen und die alten, ausgebeulten wegwerfen. Zugegeben: zerknitterte, abgetragene Hemden sind in etwa so sexy wie ein nasser Hund – in *Ihren* Augen. *Er* dagegen versteht beim besten Willen nicht, was daran so wichtig sein soll. Schließlich haben Sie ihn genau so kennen gelernt, haben sich genau so in ihn verliebt und sind genau so mit ihm ins Bett gegangen.

Warum wollen Sie plötzlich, dass er sich ändert? Warum wollen Sie aus einem gemütlichen Mann einen Modegeck machen? Ganz einfach: weil Ihnen, wie vielen Frauen, Erfolg und ein gewisses Ansehen wichtig sind.

Wenn Ihr Partner herumläuft, als verliere er morgen seinen Job, zerrt das an Ihren Nerven. »Da geht gerade meine gesicherte Existenz flöten«, denkt Ihre DNS. (Ob es Ihnen nun bewusst ist oder nicht, Sie denken so!) Sie möchten, dass Ihr Mann erfolgreich aussieht, denn das gibt Ihnen ein sicheres Gefühl.

Sie wollen, dass er gut aussieht, und ihm könnte das nicht gleichgültiger sein. Wie lassen sich diese gegensätzlichen Standpunkte nun versöhnen?

Es ist bestimmt keine leichte Aufgabe, vor allem, da die meisten Männer nichts mehr verabscheuen, als einkaufen zu gehen. Sie finden, es sei eine Verschwendung ihres hart verdienten Geldes für Sachen, die sie nicht brauchen – wie zum Beispiel eine neue Hose, wenn die alte, von ein paar kleinen Löchern abgesehen, noch völlig in Ordnung ist. Viel lieber würden sie ihr Geld für wirklich notwendige Sachen ausgeben, wie zum Beispiel einen Plasmabildschirm oder Computerzubehör.

Männer sind biologisch einfach nicht dafür programmiert, sich für Schnäppchenjagd oder modische Gesichtspunkte zu begeistern. Es liegt nicht in ihrer Natur, von Laden zu Laden zu laufen und nach der perfekten Khakihose zu suchen. Sie setzen alles daran, das Gewünschte so rasch und billig wie möglich heranzuschaffen, genau wie damals bei den Höhlenmenschen, als sie noch auf die Jagd gingen, um ihre Familie zu ernähren. Sie warteten nicht, bis ihnen der perfekte Büffel mit glänzenden Hörnern und schokofarbenem Fell vor den Speer kam, sondern gaben sich mit dem erstbesten zufrieden.

Aus diesem Grunde kommt ein Mann, wenn er ein Hemd

kaufen geht, auch mit genau einem Hemd nach Hause. Meistens mit dem ersten, das in sein Blickfeld gelangt ist. Zieht hingegen eine Frau los, um sich eine neue Bluse zu kaufen, dann kommt sie mit zwei Paar Schuhen, einer Handtasche, einer Sonnenbrille, einem Lippenstift und einem Paar Jeans nach Hause. Ach ja, und die Bluse? Ziemlich sicher hat sie vergessen, dass sie eine braucht und ursprünglich deswegen zum Einkaufen gegangen ist.

> *»Ich hasse es, Kleidung kaufen zu gehen,*
> *also sagte meine Freundin, sie wolle es für mich*
> *erledigen. Hinterher stand sie bei mir mit*
> *einem neuen Hemd für die Arbeit, einem Packen*
> *Unterwäsche und Designer-Mokassins vor mir.*
> *Ob ich beleidigt war? Nein! Eigentlich hat es*
> *mir sogar gefallen. Sicher vor allem deswegen,*
> *weil sie immer sagt, dass es nur als kleine Bereicherung*
> *meiner Garderobe gedacht sei.*
>
> *Wenn ich das Gefühl hätte, sie würde mich nicht*
> *mehr mögen, weil ich die falschen Schuhe trage,*
> *dann wäre das etwas anderes.*
> *Ich freue mich, wenn sie mir bei meinem Outfit*
> *ein bisschen hilft – jedenfalls solange*
> *sie es gut meint und mich dabei anlacht.«*
>
> NORMAN (28), BUCHHALTER

Wenn Ihr Partner nicht gern einkaufen geht, ist das kein Grund zur Aufregung, schließlich gibt es für jedes Problem eine Lösung. Wenn Sie sich an die folgenden Schritte halten, werden Sie ihn bald attraktiver finden als George Clooney bei der Oscar-Verleihung. (Übrigens trägt der Schauspieler Gerüchten zufolge schon seit vierzehn Jahren dasselbe Jackett)

Planen Sie einen gemeinsamen Einkauf

Der erste Schritt besteht darin, einen kurzen gemeinsamen Einkauf zu planen. Die Betonung liegt auf »kurz«. Der Zweck dieses Einkaufs, den Ihr Partner nicht zu erfahren braucht, ist es, die richtigen Größen, Farben und den zu ihm passenden Stil zu ermitteln. Und wie bekommen Sie ihn nun dazu, Sie zu begleiten?

Handeln Sie zuerst ein Zeitfenster mit ihm aus. Wenn er beispielsweise gerade nicht mit Sport, seiner Lieblingssendung im Fernsehen oder Sex mit Ihnen beschäftigt ist, erklären Sie ihm sehr freundlich, dass Sie gern auf einen Sprung ins Einkaufzentrum fahren würden, um sich nach dem neuesten Dings (erwähnen Sie an dieser Stelle sein Lieblingsspielzeug) umzusehen, oder woran auch immer er interessiert ist. Sagen Sie, dass Sie gern mit ihm zusammen hinfahren möchten, und erwähnen Sie beiläufig, dass er bei der Gelegenheit eine Jeans anprobieren könnte, die Sie neulich dort gesehen haben. Stellen Sie ihm außerdem eine Belohnung in Aussicht, zum Beispiel einen kühlen Drink in seiner Lieblingsbar.

Statten Sie ihn mit dem Wichtigsten aus

Sobald Sie die Größen Ihres Partners kennen, gehen Sie alleine los, und besorgen Sie für ihn den Grundstock für eine angemessene Garderobe. Jeder Mann braucht ein ordentliches weißes Hemd, eine anständige Hose, einen wirklich schönen Pullover, einen Anzug für alle Anlässe und ein sportliches Jackett. Damit haben Sie die Grundvoraussetzungen dafür geschaffen, dass er künftig tipptopp gekleidet ist. Er wird sofort erkennen, wie leicht Sie ihm das Leben machen, und froh und dankbar sein.

Finden Sie heraus, wer sein Idol ist

Sie können jederzeit ein Idol Ihres Partners zum Gesprächsthema machen und dabei Bemerkungen über dessen Kleidung, Frisur oder Schuhe fallen lassen. Anschließend schenken Sie Ihrem Partner etwas Ähnliches.

Sie können Ihren Partner auch auf einen Ihrer Ansicht nach gut gekleideten Prominenten (David Beckham oder einen anderen Sexprotz) aufmerksam machen und dessen Stil mit ihm besprechen. All das lenkt seine Aufmerksamkeit ohne Druck auf die Kleidungsfrage, und er wird sich sozusagen in guter Gesellschaft fühlen, wenn er in ein neues, von Ihnen ausgesuchtes Kleidungsstück schlüpft.

Vergleichen Sie Ihren Partner dann im Spaß mit einem dieser Promis, und warten Sie ab. Er wird das erst verdauen müssen und dann vielleicht einwenden: »Ja, aber mein Haar ist ganz anders.«

»Ach, kein Problem«, erwidern Sie dann. »Gleich um die Ecke ist meine Friseurin, die versteht ihr Handwerk wirklich. Sie ist flink wie ein Wiesel, gar nicht teuer und außerdem bildhübsch.«

Machen Sie ihm Komplimente

Machen Sie Ihrem Partner Komplimente – allerdings anders als sonst. Beherzigen Sie, was Ashton Kutcher in einem Artikel für das Magazin *Harper's Bazaar* zu diesem Thema schrieb:

»Wir möchten uns gern schmutzig, abgerissen und stark fühlen, vor allem stark, damit eine Frau sich in unserer Gesellschaft sicher fühlt. Wenn Ihr Mann also etwas anprobiert, das Ihnen gefällt, dann sollten Sie ihm sagen, dass er wie James Bond oder Bruce Willis aussieht ... Glauben Sie mir, er wird den Anzug dann gar nicht mehr ausziehen wollen.«

Vergessen Sie nicht, dass das Wichtigste für einen Mann sein intaktes Selbstbewusstsein ist. Lachen Sie ihn also nicht aus, wenn er einmal Karomuster und Streifen kombiniert oder den Hemdkragen aufstellt. Dirigieren Sie ihn lieber geschickt in eine passendere Kombination. Und schenken Sie ihm Anerkennung.

Vor allem aber gilt: nicht zu viel Veränderung auf einmal. Machen Sie ihm ein einziges neues Kleidungsstück schmackhaft, und äußern Sie sich anerkennend über die Wirkung, ehe Sie ihm nach einer Weile ein zweites mitbringen. Wenn Sie ihn mit zu vielen neuen Sachen auf einmal überfallen, dann hat er bloß das Gefühl, Sie wollten ihn ändern – und nimmt sofort eine Abwehrhaltung ein. Achten Sie stets darauf, dass alles, was Sie tun, das Selbstbewusstsein Ihres Partners stärkt.

Seine Körperpflege verbessern

Ihnen ist sicherlich schon aufgefallen, dass in den Kosmetikabteilungen von Drogeriemärkten und Supermärkten Körperpflegeprodukte für Männer fast genauso viele Regalmeter füllen wie die Produkte für Frauen. An der Spitze der Verkaufszahlen stehen alle Rasierer und Co., gefolgt von Badeölen und Seifen, Haarpflegemitteln, Deodorants und Hautpflegemitteln. Überraschend ist: Männer geben immer mehr Geld aus, um ihre Haut zu pflegen. Das bedeutet: Auch für Ihren Partner besteht die Chance, dass er auf den Geschmack kommt, wenn es nicht sowieso längst geschehen ist.

In den folgenden Kapiteln geht es um ein paar Dinge, die Frauen an einem Mann manchmal stören, und wie Sie ihnen beikommen können.

Zusammengewachsene Augenbrauen

Das Auszupfen der Augenbrauenhaare tut weh – keine angenehme Sache. Erst recht nicht, wenn man sich dafür ins

Auto setzen, zu einer Kosmetikerin fahren und zulassen muss, dass sie an einem herumzupft. Frauen denken in solchen Situationen eben, Schönheit hat ihren Preis, oder wer schön sein will, muss leiden. Männer dagegen sehen nicht ein, warum sie für ihre Augenbrauen leiden sollen.

In dem Fall können Sie nur versuchen, Ihren Partner mit sanften Worten zu überreden, nur ein einziges Mal mit zur Kosmetikerin zu kommen. Sagen Sie einfach, es sei Paare-Tag, oder es sei nicht so schmerzhaft, wie er glaubt, oder er sei doch ein großer, starker Mann, und Sie sähen es sooo gerne. Locken Sie ihn damit, dass Sie hinterher in sein Lieblingsrestaurant zum Mittagessen gehen können, und beteuern Sie, dass er sich die Brauen nur dieses eine Mal in Form bringen lassen muss, da er sie in Zukunft selbst hin und wieder korrigieren kann. Machen Sie ihm anschließend ausführlich Komplimente, sagen Sie ihm, wie gut er ohne die wild wuchernden Haare über der Nasenwurzel aussieht, und belohnen Sie ihn mit gutem Essen, viel Liebe und Zuneigung.

Intimpflege

Wenn Sie glauben, dass die allerhöchste Herausforderung im Bett darin besteht, ein bisschen mehr Vorspiel zu etablieren, dann versuchen Sie erst einmal mit dem Dschungel fertigzuwerden, den so mancher Mann im Intimbereich besitzt. Zum Glück für die Männerwelt finden entgegen den Behauptungen eines glattrasierten David Beckham oder Sean

P. Diddy Combs, der aktiv für Waxing wirbt, längst nicht alle Frauen Gefallen daran, wenn ein Mann seiner Unterhose beraubt, rasiert und gewaxt wird. Noch dazu an Körperstellen, die nicht einmal die Badehose von Michael Phelps enthüllen würde.

Ein wenig Pflege im Intimbereich ist dennoch angesagt. Es mag schwierig sein, Ihren Partner dazu zu überreden, den Wildwuchs ein wenig trimmen zu lassen, aber das Thema anzuschneiden ist sicher kein Problem.

Zum Beispiel könnten Sie so damit beginnen:

- »Hui, das ist ja der reinste Urwald! Ich möchte mich an dir schrecklich gern weiter nach unten arbeiten, aber erst, wenn es dort ein bisschen lichter ist.«
- »Wie wäre es mit einem kleinen Vor-Vorspiel mit der Haarschere, und ich schaue dir zu? Oder noch besser, ich übernehme es selbst. Vertraust du mir?«

Der Gedanke mag auf Ihren Partner anfangs vielleicht befremdlich wirken. Daher gilt: Lassen Sie ihm Zeit. Er muss diesen Gedanken erst einmal fassen – und vielleicht seine Freunde fragen. Letzteres wäre sehr gut, denn bei dem riesigen Absatz an Körperpflegeprodukten für Männer stehen die Chancen gut, dass mindestens einer seiner Freunde gewaxt ist. Abgesehen davon fällt es einem Mann immer leicht, etwas zu tun, das auch seine Freunde tun. Es regt sogar ein wenig seinen Wettbewerbsgeist an.

Drücken Sie ruhig auf diese Auslöserknöpfe, und Sie werden in null Komma nichts einen rundherum gepflegten Mann haben.

Sein Zweitagebart

Für manche Frauen ist nichts schlimmer, als einen Mann mit einem Zweitagebart zu küssen, der einem die obersten Hautschichten vom Kinn schmirgelt und dort rote, entzündete Pusteln hervorruft. Auch wenn frau dann einen Witz über das kostenlose Peeling macht, ist es auf jeden Fall peinlich für sie, am nächsten Morgen mit einem entzündeten Kinn zur Arbeit zu erscheinen. Leider ist kein Rollkragen hoch genug, um das Malheur abzudecken. Wie also bringen Sie Ihren Partner dazu, sich zu rasieren, damit beim Küssen Ihre Haut unversehrt bleibt?

Wenn Sie sich bei ihm in der Wohnung treffen und auf ein paar lustvolle Stunden hoffen, er Ihnen aber mit seinem kratzigen Zweitagebart das Gesicht durchlöchert, dann bringen Sie ihn liebevoll dazu, sich zu rasieren. Sie wissen schon: Für Sex tun Männer (fast) alles.

Sie können Ihre Bitte unbesorgt in Ihr heißes Vorgeplänkel einbauen. Nennen Sie das Problem beim Namen: »Hey, dein Bart ist ganz schön kratzig!«, lächeln Sie ihn verheißungsvoll an, und äußern Sie nun Ihren Wunsch: »Was meinst du? Könntest du dich ganz schnell rasieren?«

Die meisten Männer werden daraufhin wie der Blitz vom Sofa aufspringen und einen Raketenstart hinlegen. Sehen

Sie ihm ruhig beim Rasieren zu, und sagen Sie ihm, wie sexy er dabei aussieht. Das macht ihn sehr wahrscheinlich noch mehr an, und so wird aus Ihrem Wunsch eine Art Vorspiel.

Reizthema Übergewicht

Sollte Ihr Mann einen oder gar mehrere Rettungsringe auf den Hüften und ein Doppelkinn haben, könnte es an der Zeit sein, ihn ein wenig zu unterstützen, um wieder in Form zu kommen. Wenn Sie jedoch geradewegs eine Diät von ihm verlangen, womöglich unter beleidigenden Hinweisen auf seine Speckröllchen, können Sie die Sache gleich vergessen – dann werden Sie ihn nie zu irgendeinem Training schleifen können.

Das Gleiche gilt für seine Ernährung. Sobald Sie auch nur versuchen, ihn daran zu hindern, einen Löffel mehr von seinem Lieblingsdessert zu nehmen, wird er Sie als bösartigen Hausdrachen abstempeln.

Die gute Nachricht ist, dass der Körper bei Leibesübungen Endorphine ausschüttet. Das erzeugt ein Glücksgefühl, sorgt für ein zufriedeneres Ego und festigt in ihm den Wunsch, Ihnen zu gefallen und diese Übungen fortzusetzen. Sie müssen ihn nur erst dazu bringen, damit anzufangen, und das ist für Sie natürlich längst kein Problem mehr.

Hier ein paar Tipps dazu:

Bitten Sie ihn um Hilfe

Wie Sie sich vielleicht erinnern, schmeicheln Sie dem Ego eines Mannes, wenn Sie ihn um Hilfe bitten, wodurch seine Bereitschaft steigt, aktiv zu werden und Ihr Problem zu lösen. Bringen Sie den Kreislauf in Sachen Fitness in Gang, indem Sie Ihre eigene Mühe um eine bessere Form erwähnen und sagen, dass Sie glücklich wären, wenn er Sie dabei unterstützt.

Ja, ganz richtig: Wenn Sie wollen, dass Ihr Mann etwas für seine Figur tut, sollten Sie ihm suggerieren, dass Sie etwas für Ihre Gesundheit tun wollen. Fragen Sie ihn dann nach Vorschlägen dazu, und bitten Sie ihn, Sie aktiv zu unterstützen, indem er ein wenig mitmacht.

Formulieren könnten Sie Ihren Wunsch zum Beispiel so:

- »Könnten wir mir zuliebe vielleicht weniger Süßigkeiten im Haus haben? Ich muss sonst dauernd gegen die Versuchung ankämpfen.«
- »Wo ist denn bloß dieses Kochbuch für gesunde Ernährung hingeraten, das ich neulich gekauft habe? Wollen wir uns zum Abendessen zusammen etwas Gutes daraus kochen?«
- »Ich hasse es, diese Gymnastikübungen alleine zu machen. Wärest du so lieb und turnst mit?«

Indem Sie das Problem zu Ihrem machen und Ihren Mann um Hilfe bitten, regen Sie ihn an, das Programm gemeinsam mit Ihnen durchzuexerzieren, statt Druck auf ihn auszuüben und sein empfindliches Ego mit Füßen zu treten.

Gemeinsam schwitzen

Führen Sie als Nächstes feste Zeiten für die gemeinsamen Gymnastikübungen ein: eine halbe Stunde jeden Morgen, bevor Sie zur Arbeit gehen, und eine halbe Stunde abends, vor oder nach dem Abendessen. Betonen Sie immer wieder, wie sehr es Ihnen hilft, dass Ihr Mann mitmacht. Sie werden bald feststellen, dass sich seine Stimmung aufhellt und er mehr Energie hat. So profitieren Sie beide davon. (Und das wirkt sich sicherlich auch positiv auf Ihr Sexleben aus.)

Wussten Sie eigentlich, dass Paare, die gemeinsam trainieren, gewöhnlich stärker abnehmen als andere? Sie spornen sich nämlich gegenseitig an und halten sich gegenseitig bei der Stange.

Belohnen Sie ihn

Belohnen kann man jemanden auf unterschiedlichste Art und Weise. Mit am wirksamsten sind Komplimente. Wenn Ihrem Partner nach der Hälfte der Zeit der Schweiß hinunterläuft, versichern Sie ihm, dass Sie ihn höchst sexy finden und er ein toller Mann ist. Sofern Sie eine Gewohnheit daraus machen können, nach dem abendlichen gemeinsamen Fitnesstraining ein leckeres, gesundes Essen zu sich zu nehmen, dann fördern Sie damit seine Bereitschaft, an diesem Arrangement festzuhalten.

Wir kennen eine Frau, die ihrem Mann erklärte, es gefalle ihr so gut, wenn er ins Fitness-Studio gehe, dass sie an den Abenden nach dem Training unbedingt Sex mit ihm wolle. Nach wenigen Monaten hatte er dreißig Pfund abgenommen! Man darf die Wirkung eines guten Köders nie unterschätzen.

Die Mantras
des Erfolgs

Sortieren Sie alle ungesunden
Fertiggerichte aus.

Machen Sie gemeinsam Fitnessübungen,
ermutigen Sie Ihren Mann,
und belohnen Sie ihn.

Meckern Sie nicht, wenn er das
Programm nicht durchhält,
sondern versuchen Sie es einfach
mit etwas anderem.

Machen Sie ihm häufig Komplimente
über die Partien seines Körpers,
die Ihnen gefallen.

Sagen Sie ihm immer wieder,
wie sehr Sie ihn lieben.

So wecken Sie seine Talente, Ihnen Gutes zu tun (wenn es sein muss, auch zweimal)

»Ein Orgasmus pro Tag,
und man braucht keinen Arzt.«

Mae West

»Gut geflüstert
ist der halbe Orgasmus.«

Donna und Sam

Setzt Ihr Mann
die richtigen Prioritäten?

Dass Männer ständig an Sex denken ist kein Geheimnis. Nicht zuletzt deshalb entwickeln sie unzählige Strategien, um eine Frau ins Bett zu locken, egal, ob sie seit zwei Monaten oder seit zwanzig Jahren mit ihr zusammen sind. Dabei wissen sie genau, dass Frauen mit ein bisschen Romantik leichter herumzukriegen sind.

Das mit dem Sex gilt für alle Männer. Danach aber fangen die Unterschiede an. Ein unreifer Mann beschert Ihnen nicht etwa einen Orgasmus, damit Sie glücklich sind, sondern um sich damit zu brüsten. Für einen reifen Mann hingegen ist Ihr sexueller Genuss ein höchstes Ziel, er will es Ihnen so schön wie möglich machen, er lebt in diesem Augenblick allein dafür.

Keine Angst also, wenn Ihr Partner sich im Bett zunächst etwas ungeschickt anstellt oder nicht daran denkt, dass es auch ein Vorspiel gibt. Mit der richtigen Art der Kommunikation bringen Sie ihn schnell auf den richtigen Weg, denn er möchte es ja. Gewiss wird er schnell lernen, welchen Genuss es auch für ihn bedeutet, wenn er sich wie ein Gentleman darum bemüht, Sie sexuell zufriedenzustellen.

Sicher, manche Männer wissen das bereits. Je lustvoller es für die Frau ist, umso lustvoller ist es auch für ihn. Es ist ein wunderbares Gefühl für ihn, ihr alles zu geben, was er hat.

Gut so! Noch besser wird es, wenn sie sich ihm voller Vertrauen ganz hingibt, sich vollkommen gehen lässt, zum Höhepunkt kommt – und noch einmal kommt. Leider verstehen das die wenigsten Männer.

Welchen Typ Mann haben Sie? Anhand der folgenden Tabelle können Sie sich orientieren:

Reifer Mann versus grüner Junge

EIN REIFER MANN SAGT:	EIN GRÜNER JUNGE SAGT:
»Fühlt sich das gut an?«	»Komm, Baby, zeig mir, wie gut ich bin!«
»Ich könnte ewig so weitermachen.«	»Bist du schon gekommen?«
»Lass mich erst dich verwöhnen.«	»Los, blas mir einen.«
»Willst du noch mal?«	»Meine Finger werden lahm.«
»Komm her, du!«	»Ich bin fix und fertig. Ich muss jetzt schlafen.«

Das Sexualleben der Frau von heute

Während Männer beim Geschlechtsakt in aller Regel zum Orgasmus kommen, haben es Frauen nicht ganz so gut. Laut Umfragen erleben überhaupt nur dreißig Prozent der Frauen beim klassischen Geschlechtsakt einen Orgasmus. Und fünfzig bis sechzig Prozent der Frauen kommen bei keiner Form von Sexualverkehr jemals zum Höhepunkt!

Leider stehen die Frauen in unserer modernen Gesellschaft extrem unter Erfolgsdruck, einschließlich der Erwartungshaltung, beim Sex einen Orgasmus haben zu müssen. Viele von ihnen nehmen sich gar nicht mehr die Zeit, um echte Intimität mit einem Mann auszukosten, sondern versuchen das Ganze möglichst schnell hinter sich zu bringen, indem sie einen Orgasmus vortäuschen, obwohl sie in Wahrheit meilenweit davon entfernt sind. Damit schaden sie allerdings nur sich selbst, und es ist ein langer, mühsamer Weg zurück zur Wahrheit.

Ein anderer Punkt ist, dass Frauen sich im Bett zu sehr darauf konzentrieren, die Gefühle des Mannes zu schonen und ihm zu vermitteln, dass er der Allergrößte sei, statt sich auf ihre eigene Lust zu konzentrieren. Das Bett ist einer der Orte, an dem Sie keine Leistung bringen und nicht so tun müssen, als ob. Sie müssen sich auch nicht wie in einem Sexfilm aufführen. Lassen Sie einfach Ihren Gefühlen und Empfindungen freien Lauf, denn nur dann sind Sie wahrhaft sexy.

Orgasmus – was ist das?

Wenn Sie zu jenen Frauen gehören, die den Orgasmus nur vortäuschen und Sie Sex insgesamt enttäuschend finden, dann sollten Sie erst den Grund dafür ermitteln, bevor Sie mit Ihrem Mann darüber sprechen. Gehen Sie dazu zunächst Ihren Vorstellungen und Emotionen im Zusammenhang mit Sex und Lust nach. Haben Sie Angst? Fühlen Sie sich eingeschüchtert oder abgeschreckt? Sind Sie unsicher, was Ihren eigenen Körper betrifft?

Stellen Sie dann fest, warum Sie das vor Ihrem Mann verheimlichen (oder sich Sex gefallen lassen, der Ihnen nicht zusagt). Haben Sie womöglich Angst, seine Gefühle zu verletzen?

Achtung: Schweigen versus Raus mit der Wahrheit

Zu schweigen ist eine geeignete Methode, um Ihren Mann in Ruhe zu lassen, damit er nachdenken und eine Lösung entwickeln kann, die Ihnen gefällt. Sie soll jedoch nicht dazu dienen, Problemen aus dem Weg zu gehen, über die Sie nicht zu sprechen wagen. In letzterem Fall lautet unser Rat: Heraus mit der Sprache – und der Wahrheit. Sie werden sehen, es funktioniert.

Wir wissen, dass es vielen Frauen schrecklich unangenehm ist, vor ihrem Mann zuzugeben, dass sie Probleme mit dem Sex haben. Genauso verheerend ist es für einen Mann zu erfahren, dass er seine Frau nicht befriedigt. Wenn er allerdings, oft ohne es zu ahnen, allein die Befriedigung dabei einheimst und Sie alles passiv über sich ergehen lassen, dann ist es nur eine Frage der Zeit, bis Sie es ihm übelnehmen und eine Abneigung gegen ihn entwickeln, die sich auch in Ihrem sonstigen Miteinander passiv-aggressiv äußert.

Deswegen sollten Sie ihm unbedingt auf die Sprünge helfen, natürlich nach der Methode. Ergreifen Sie die Initiative, und finden Sie zuerst heraus, wie er Ihnen zu mehr Zufriedenheit verhelfen kann. Wenden Sie dann die Kommunikationstaktiken an, Bemerkung – Kompliment – Bitte, um Ihre Botschaft an den Mann zu bringen. Dies ist eine freundliche, mitfühlende Art, Ihre neuen Erwartungen deutlich zu machen.

FALLSTUDIE: **Mandy und Nick**

Die Pressereferentin Mandy (28) war seit drei Jahren mit ihrem Freund Nick (30) zusammen. Vor ihm hatte sie mit ungefähr einem halben Dutzend anderer Männer Sex und glaubte fest daran, dass Nick der Richtige für sie war. Die beiden hatten sogar schon vom Heiraten gesprochen. Doch in ihrem Hinterkopf meldete sich ein kleines Problem zu Wort: Mandy hatte noch nie einen Orgasmus gehabt.

»Ich weiß nicht, was für ein Theater immer um Sex gemacht wird«, vertraute sie uns an. »So toll ist das doch auch wieder nicht. Warum sind die Männer nur so versessen darauf?«

Wie bitte? Meinte sie das ernst? Wir fragten sie, ob sie je einen Orgasmus gehabt habe, und sie antwortete, sie sei sich nicht sicher.

»Wenn Sie je einen gehabt hätten, dann wüssten Sie es«, erklärten wir ihr daraufhin.

»Wirklich?«

»Na, und ob! Hundertprozentig.«

Wir fragten sie, ob ihr Sex überhaupt Spaß mache, ob sie Lust dabei empfinde.

»Leider nein«, antwortete sie.

Also fragten wir sie, ob es ein Vorspiel gebe.

Wieder lautete ihre Antwort: »Leider nein.«

Wir kamen zu dem Schluss, dass Mandys Probleme mit dem Sex das Ergebnis der nicht vorhandenen Kommunikation der beiden im Bett war, und dass der wahre Genuss dabei auf der Strecke geblieben war. Wenn Paare, die miteinander vertraut sind, Sex haben, sollte das jedes Mal ein ganz besonderes, explosives, sinnliches Erlebnis sein, das sie immer enger miteinander verbindet. Kein Wunder, dass Mandy nie Lust dazu verspürte, nackt ins Bett zu kriechen.

Nick dagegen glaubte (wie die meisten Männer), dass er im Bett ziemlich gut sei. Er war davon überzeugt, sich mit dem Körper einer Frau besser auszukennen als ein Mechaniker mit einem Sportwagen, und glaubte, dass es ihm jedes Mal problemlos gelinge, Mandy zu erregen. Wie konnte das sein? Vermutlich lag es daran, dass Mandy ihn in dem Glauben ließ. Sie hatte inzwischen die schlechte Angewohnheit, einen Orgasmus entweder vorzutäuschen oder passiv zu bleiben, bis alles vorüber war.

Auf unseren Rat hin machte Mandy einen vorsichtigen Vorstoß nach der Methode. Bei einem gemütlichen, romantischen

Sonntagsfrühstück erzählte sie Nick, sie habe in einer Frauen-zeitschrift einen Artikel über bestimmte Sexstellungen gelesen, bei denen der G-Punkt angeblich besonders angeregt werde.

»Wie wär's, wenn wir die mal ausprobieren?«, schlug sie lockend vor.

Nick war sofort begeistert. »Wie wäre es, wenn ich dich Mitt-wochabend in dein Lieblingsrestaurant ausführe, und danach versuchen wir es mal?«

Er konnte es kaum noch erwarten und zählte schon die Tage. Außerdem machte er sich über diverse Stellungen und andere Methoden kundig, um eine Frau zu einem besseren Orgasmus zu bringen. Es wurde eine wahrhaft berauschende Nacht, und Mandy erlebte ihren ersten Orgasmus.

Gibt es einen besseren Weg, dem Mann das Gefühl zu geben, dass er der Größte sei? Nick war nur zu gerne bereit, sich Mühe zu geben, er brauchte lediglich einen kleinen Anstoß.

Besserer Sex – nichts leichter als das

Wie Ihr Sexleben auch aussehen mag, es kann nur nützlich sein, wenn Sie die folgenden Empfehlungen und Warnun-gen beherzigen.

Warnung: niemals!

- Beschweren Sie sich nie darüber, wie schlecht Ihr Partner im Bett ist, und kritisieren Sie ihn deswegen auch nicht.

- Verlangen Sie nicht von Ihrem Partner, Ihnen auf eine ganz bestimmte Weise Lustgefühle zu bereiten.
- Sprechen Sie beim Sex weder über die Arbeit noch über die Familie oder Gewichtsprobleme.
- Nehmen Sie ihm seine Lustgefühle nicht übel.
- Sagen Sie ihm nicht, wie schwer es Ihnen fällt, ihn oral zu befriedigen.
- Brechen Sie einen Blowjob nicht unvermittelt ab, schon gar nicht mit der Begründung, Sie seien müde oder Ihre Lippen seien wund.

Empfehlung: unbedingt!

- Schaffen Sie echte Intimität, indem Sie ihm zuhören, wenn er über seine Gefühle spricht, oder ihn dazu bringen, sich Ihnen anzuvertrauen.
- Zeigen Sie ihm, wie er Ihnen sexuellen Genuss bereiten kann (mehr dazu später).
- Beginnen Sie ein Vorspiel, und törnen Sie sich ruhig auch selbst an, bevor es richtig losgeht.
- Äußern Sie auch außerhalb des Schlafzimmers sexuelle Wünsche, oder machen Sie kleine Anspielungen (am Telefon, per SMS oder beim Frühstück – auf diese Weise denkt er den ganzen Tag voller Vorfreude an Sie).
- Lassen Sie ihn wissen, was er alles gut und richtig macht.
- Berücksichtigen Sie, dass Männer sich leicht durch optische Reize in Stimmung bringen lassen. Achten Sie auf Ihr Äußeres, als wären Sie noch in der Kennenlernphase. Und

vergessen Sie nicht, Ihr Make-up mit dem Dreißig-Sekun-den-Programm aufzufrischen, bevor er abends zur Tür herreinkommt: Lippen, Wimpern und ein Hauch sexy Parfum.

Selbsthilfe ist angesagt

Ihre Sexualleben mag nicht ganz so trostlos sein wie das von Mandy, aber ein wenig zusätzliche Würze können Sie womöglich trotzdem gebrauchen. Unter Männern kursiert ein Spruch, der da lautet: »Schlechten Sex gibt es nicht. Es gibt nur guten oder superguten Sex.«

Frauen erleben das anders. Wir wissen, dass es beim Sex oft genug ähnlich heftig funkt wie eine Schachtel feuchter Streichhölzer. Eine Freundin meinte kürzlich mit schafsähnlichem Grinsen dazu: »Ich weiß nicht, was da abgelaufen ist ... aber Sex war es nicht.« Es muss so katastrophal gewesen sein, dass sie sich danach die Bettdecke übers Gesicht zog, um sich die Enttäuschung in ihrem Gesicht nicht anmerken zu lassen.

Sollte Ihr Mann nicht wissen, wie er Sie berühren muss, um Lustgefühle in Ihnen zu wecken, dann legen Sie ruhig mal Ihre Hand auf seine, und entführen Sie sie auf eine Reise über Ihren Körper. Helfen Sie ihm, alle Ihre erogenen Zonen zu finden. Legen Sie seine Hand auf die entscheidenden Stellen, und zeigen Sie ihm, welche Art Liebkosung Sie zum Höhepunkt bringt. Bedenken Sie, dass Ihr Mann letztlich genau das will. Nur muss er erst lernen, wie es geht, sofern er kein Naturtalent ist.

Sie können sich durchaus auch selbst stimulieren, während sich Ihr Partner um Ihren G-Punkt bemüht, um sich zum Höhepunkt zu bringen. Die von uns befragten Männer gaben alle an, dass ihnen das sehr gut gefalle, weil es sie nämlich anmacht, Sie dabei zu beobachten. Nicht zuletzt natürlich auch deshalb, weil es sie von dem Druck befreit, es selbst richtig hinbekommen zu müssen.

Frauen werden durch Situationen, Worte und Gespräche erregt. Schon bevor es so weit ist, können Sie sich innerlich in eine erwartungsvolle Erregung versetzen, indem Sie zum Beispiel über den Tisch hinweg die Hand Ihres Partners ergreifen und sie sachte streicheln. Blicken Sie ihm dabei außerdem in die Augen, genießen Sie seine Erwiderung Ihrer Gesten, und intensivieren Sie allgemein über alle Sinne den Kontakt zu ihm. Sie werden erleben, wie Sie sich damit bereits in Stimmung bringen.

Weitere sexuelle Bedürfnisse

Womöglich stehen auf Ihrer Wunschliste für ein erfülltes Sexleben noch einige andere Dinge, die Sie Ihrem Mann gern kommunizieren möchten.

Wir haben ein paar der häufigsten Extrawünsche zusammengetragen, inklusive Anleitung, versteht sich.

Der Wunsch nach Abwechslung

- »Schatz, wie wäre es, wenn wir mit einer Wolldecke und einer Flasche Wein ins Grüne fahren und uns ein stilles Plätzchen suchen, wo uns niemand entdeckt?«
- »Sag mal, habe ich eigentlich schon mal nackt für dich gekocht?«

Der Wunsch nach oralem Sex

- »Der Orgasmus, den du mir mit der Zunge beschert hast, war einfach fantastisch!«
- »Ich habe keine Ahnung, wie du das machst, aber es fühlt sich einfach wunderbar an.«

Der Wunsch nach mehr Sex

- »Du siehst heute Abend gestresst aus. Meinst du, eine kleine Sexbehandlung könnte dich heilen?«
- »Herrje, heute Abend bekomme ich Lust, allein wenn ich dich nur ansehe.« (Und danach: schweigen und abwarten.)

Geben ist seliger als nehmen

Manche Frauen (die glücklichen unter uns) werden von ihrem Mann oral verwöhnt, weil es ihm selbst gefällt, ihr auf diese Art Lustgefühle zu bescheren. Für andere ist oraler Sex oder auch ein Vorspiel ein eher seltenes Geschenk, oder sie kennen nur die Form von Oralsex, die sie ihrem Mann zum Geschenk machen.

Manche Frauen übertreiben es allerdings, in der Hoffnung, dass ihr Partner dadurch auf die Idee kommt, es einmal andersherum zu versuchen. Das ist ein zweischneidiges Schwert, denn wenn sie am Ende trotzdem nicht bekommen, was sie sich wünschen, fühlen sie sich ausgenutzt, unbefriedigt und verunsichert. Solche Frauen denken dann oft, Männer seien gemeine Kerle, dabei haben sie lediglich versäumt, ihren Wunsch geschickt zu äußern und dann Geduld zu haben.

> **Das Altruismus-Gen:** Die Eigenschaft des Mannes, von Natur aus großzügig zu sein, weshalb es ihm viel Freude und Lust bereitet, wenn er eine Frau im Bett sexuell befriedigt.

Warum ist es denn so wichtig, dieses Altruismus-Gen im Mann zu aktivieren? Ganz einfach: weil endlos viele Frauen sich darüber beschweren, dass sie beim Sex unbefriedigt bleiben. Meistens halten solche Beziehungen nicht sehr lange. Daher raten wir Ihnen, sich die Mühe zu machen und Ihren ahnungslosen, unwissenden Mann in die richtige Richtung zu dirigieren. Das ist in jedem Fall besser, als die Männer zu wechseln wie die Kleider, in der Hoffnung, irgendwann an einen Mann zu geraten, der sich darauf versteht, für Ihr sexuelles Wohlbefinden zu sorgen.

»*Ich liebe es, wenn eine Frau sexuell so richtig
auf Touren kommt. Das ist einfach ein tolles Gefühl,
wenn ich sie zum Orgasmus bringen kann.
Allein die Bestätigung, dass ich es richtig gut gemacht habe,
ist die Sache wert.*«

BEN (38), WEB-DESIGNER

In fünf Schritten zu mehr sexueller Lust

1. Präsentieren Sie ihm Ihren Wunsch nach mehr sexueller Befriedigung als Herausforderung.
2. Schweigen Sie.
3. Warten Sie ab, und haben Sie Geduld.
4. Bringen Sie ihm mit den nötigen audiovisuellen Ausdrucksmitteln nahe, was Ihnen Lustgefühle bereitet.
5. Belohnen Sie ihn für seine Anstrengungen.

Als Nächstes wollen wir uns die einzelnen Schritte mal genauer ansehen.

Die Herausforderung

Männer lieben Herausforderungen. Schon bei den Höhlenmenschen hat das Testosteron die Männer dazu aufgestachelt, gegeneinander zu konkurrieren – vor allem um Frauen, wenn auch nicht nur. Wenn irgendetwas diesen Urtrieb zum Wetteifern weckt, ruht und rastet ein Mann nicht, bis das Ziel erreicht ist. Stellen Sie Ihren Mann also ruhig vor die höchste Herausforderung: Sie zum Orgasmus zu bringen.

Wenn Sie nicht wissen, wie Sie dieses Thema anschneiden sollen, dann besorgen Sie sich ein Exemplar von Ian Kerners *Mehr Lust für sie. Was Frauen beim Sex verrückt macht,* in dem mehrere Diagramme und sogar eine Art Landkarte enthalten sind. Blättern Sie bis zu den Seiten über oralen Sex vor, und wedeln Sie Ihrem Partner mit Ihrer Bettlektüre vor der Nase herum, als handele es sich um einen guten Witz. Schlagen Sie dann vor, zum Spaß ein paar der beschriebenen Techniken auszuprobieren. Denken Sie immer daran: Kein Mann wird je Nein zu dem Angebot von abenteuerlichem Sex sagen – aber jeder Mann wird Nein zu einer Frau sagen, die dergleichen von ihm verlangt.

Alternativ können Sie auch in einer Videothek einen frauenfreundlichen Pornofilm oder einen Ihnen bekannten Film mit gelungenen Sexszenen (zum Beispiel *Wild Things* oder *Basic Instinct*) ausleihen und ihn gemeinsam ansehen. Dabei fragen Sie Ihren Partner dann beiläufig, ob er Lust habe, das eine oder andere nachzumachen. Fügen Sie ruhig hinzu, dass Sie den Eindruck hätten, die Frau habe in der Szene die absolute sexuelle Befriedigung erlebt, und dass Sie gern ausprobieren würden, ob das bei Ihnen auch so funktioniert.

Achtung: Der weibliche Körper

Sie können von einem Mann beim besten Willen nicht erwarten, dass er weiß, was Sie an Ihren erogenen Zonen und vor allem zwischen den Schenkeln empfinden. Bedenken Sie, dass allein die Klitoris ganze achtzehn erogene Zonen und damit mehr Nervenenden als jeder andere Körperteil des Menschen hat! Spendieren Sie Ihrem Partner daher ruhig eine kostenlose Führung hinsichtlich Ihrer gesamten Anatomie, und signalisieren Sie ihm bei einem romantischen Abendessen, dass Sie Lust auf diesen Ausflug mit Ihnen als Navigationsgerät haben. Welcher Mann könnte da Nein sagen!

Anschließend gilt natürlich wieder: Schweigen Sie, und warten Sie ab. Das sind die Schritte zwei und drei, wenn es darum geht, sein Altruismus-Gen zu aktivieren. Zugegeben, es ist schwer, geduldig zu bleiben, aber glauben Sie uns: Es wird umso besser, je mehr Sie Ihren Mann selbst tun lassen.

Lustgefühle bereiten

Unterdrücken Sie Ihre unmittelbaren körperlichen Reaktionen auf Ihre Lustgefühle nicht – schnelleres Atmen, Stöhnen, Aufschreien, Ihren Partner mit »Ja-ja«-Rufen anfeuern, sich seinen Berührungen entgegenwölben. All das sind Zeichen für ihn, wie sehr Sie die Empfindungen genießen, die er in Ihnen auslöst und die ihm zeigen, dass er auf dem richtigen Weg ist.

Die Belohnung

Belohnungen sind eine großartige Gelegenheit, positive Assoziationen im Denken Ihres Partners zu erzeugen. Er sorgt für Ihr sexuelles Wohlbefinden – Sie sind die ganze Woche über gut aufgelegt. Er strengt sich an und bringt Sie zum Orgasmus – Sie sehen in ihm Ihren Traummann und zeigen ihm das auch. Finden Sie Mittel und Wege, ihm abgesehen von der liebevollen Kuscheleinheit danach auch in den nächsten Tagen noch Ihre Dankbarkeit dafür zu zeigen, dass er ein so einfühlsamer, guter Liebhaber ist.

Die Belohnung für seine Leistung und für seinen Wunsch, Ihnen möglichst starke Lustgefühle zu bereiten, kann durchaus zu einer Art ständigem Vorspiel zwischen Ihnen werden. Sagen Sie Ihrem Partner immer mal wieder, dass Sie allein bei der Erinnerung an das, was er mit Ihnen gemacht hat, Lust auf ihn bekommen. Sie können die erotische Spannung so bis zum nächsten Mal erhalten, was ihn umso engagierter werden lässt. Sagen Sie Ihrem Partner außerdem, dass Sie ihn auch außerhalb des Schlafzimmers begehrenswert finden, belohnen Sie in dafür und für all die anderen Dinge, die er für Sie tut. Sie werden sehen: Schon bald sind Sie für ihn der kostbarste Schatz.

FALLSTUDIE: **Janice und Ted**

Janice hatte mit Ted eine langjährige feste Beziehung, als sie eines Tages eine Unterhaltung unter Freundinnen mithörte. Die Frauen unterhielten sich über die Vorzüge von Männern, die bereit waren, ihnen mit der Zunge Lust zu verschaffen, und das stundenlang. Mit der Zunge? Hui!, dachte sie. Ted hatte das noch nie getan.

Ein paar Tage später führte Ted sie zum Abendessen aus, was er oft ohne besonderen Grund tat. Er war eben ein großzügiger Mensch und wollte ihr eine Freude bereiten.

Als die Rechnung kam, schaltete Janice sich ein. »Schatz, wie wäre es, wenn ich heute die Rechnung übernehme«, begann sie sanft, »und du darüber nachdenkst, welchen Gefallen du mir später dafür tun möchtest?« Dabei zwinkerte sie ihm zu.

»Nein, die Rechnung geht auf mich, Baby«, entgegnete Ted und legte seine Kreditkarte auf den Tisch. »Aber … woran denkst du denn? Was wünschst du dir von mir?«

»Hm … na ja … Ich fände es schön, wenn du mich mit der Zunge befriedigen würdest. Aber mach das ganz, wie du willst.«

»Ich dachte immer, du magst das nicht?«, erwiderte er leicht verwirrt.

»Ach, vielleicht doch! Sollen wir es mal versuchen?«, schlug sie mit einladendem Lächeln vor.

Das war für Ted eine große Herausforderung. Sein Gehirn reagierte sofort mit vermehrter Dopamin-Ausschüttung, und er verspürte das starke Bedürfnis, etwas Besonderes und Neues für Janice zu tun.

Natürlich war er zunächst schockiert über sein offensichtliches Versäumnis, aber dann stellte er sich der Herausforderung, und in seinem Verstand begann es zu brodeln. Wenige Abende später, als sie im Bett miteinander herumalberten, begann er, seine Zunge an ihr hinabwandern zu lassen und sie zu liebkosen. Er erwies sich als sehr einfühlsam und äußerst geschickt.

»Das könnte ich stundenlang machen«, murmelte er zwischendrin.

»Und du machst das sooo gut«, antwortete sie.

Janice war sehr froh, dass sie sich ein Herz gefasst und ihr Bedürfnis ausgesprochen hatte, nicht als Vorwurf, sondern als Einladung. Am Tag darauf schickte sie Ted sogar eine SMS, wie schön die letzte Nacht für sie gewesen sei.

Wenn er danach sofort einschläft

Keine Angst, Ihr Mann ist gewiss nicht der Einzige, der sich kurz nach seinem Orgasmus umdreht und in Tiefschlaf verfällt. Während Sie natürlich noch kuscheln und reden und noch mal reden wollen. Wenn Sie sein Verhalten irritiert und Sie das Gefühl haben, Sie müssten mit ihm deshalb ein ernstes Wörtchen reden, lassen Sie sich von uns lieber mit der Erklärung trösten, dass auch das einen biologischen Grund hat: Beim Orgasmus werden Hormone ausgeschüttet – Prolactin und Oxytocin –, die das Einschlafen befördern.

Übrigens wird auch im weiblichen Körper nach dem Sex

Oxytocin ausgeschüttet, allerdings wirkt das bei Frauen anders. Wie im Kapitel »Das Wort ›Liebe‹« bereits erwähnt, bezeichnen Wissenschaftler Oxytocin auch als »Kuschelhormon«, weil es Frauen extrem schmusebedürftig und anhänglich macht.

Ihrem Mann dagegen geht in diesem Augenblick rein gar nichts mehr durch den Kopf, und er verspürt nur noch das Bedürfnis, sich zusammenzurollen und ins Land der Träume zu segeln. Seien Sie ihm deshalb nicht böse, und versuchen Sie auch nicht, ihn mit Gewalt wach zu halten, sondern bedenken Sie, dass Ihnen wieder einmal Ihre Hormone einen Streich spielen. Kuscheln Sie sich einfach an seinen Rücken, wofür Sie vielleicht ein letztes zufriedenes Grunzen ernten, denken Sie an das, was er alles für Sie getan hat, seien Sie dankbar dafür, und lassen Sie den armen Kerl schlafen, damit er seine Batterien aufladen kann.

Die Mantras
des Erfolgs

Täuschen Sie nie einen Orgasmus vor. Wie soll
Ihr Mann je lernen, Sie zu befriedigen, wenn Sie
ihn ständig auf eine falsche Fährte lenken?

Haben Sie keine Angst, ihm den richtigen Weg zu
weisen, und seien Sie nicht verlegen. Es verhilft
Ihnen beiden auf Dauer zu mehr Spaß im Bett.

Bringen Sie ihm Ihre Wünsche nahe:
als Einladung, als Herausforderung –
und überlassen Sie dann ihm die Initiative.
Geben Sie ihm lediglich Hinweise,
und er wird den Weg zu Ihrer Befriedigung
finden – weil er es will.

Belohnen Sie ihn für alles, was er für Sie getan
hat, und zwar mit Worten und Taten. Dann wird
er es so schnell wie möglich wiederholen wollen.

Vom Umgang mit wandernden Blicken und schlechter Laune

»Notgeile Männer glotzen pro Tag
zehn Frauen hinterher.«

Mark Ireland, von Kodak Lens Vision Centres

»Haben Sie das Monogamie-Gen
Ihres Mannes geweckt, ist es bedeutungslos,
wem er hinterherstarrt, denn
er wird mit Ihnen nach Hause gehen.«

Donna und Sam

Männer und ihr unberechenbares Verhalten

Ach ja, Männer und ihre Launen. Eigentlich wird ja den Frauen nachgesagt, dass sie launisch seien. Ohne ersichtlichen oder vernünftigen Grund und ohne Vorwarnung sind sie von jetzt auf gleich wütend, frustriert, deprimiert, gereizt oder zickig. Oft hat das keinen anderen Grund als PMS und damit jene Tage, an denen wir Frauen im besten Fall von unseren Männern, wenn sie lieb und verständnisvoll sind, die Lizenz zum Jammern, Schimpfen, Nörgeln und Weinen erhalten, ohne dass sie es uns übelnehmen.

Bei den Herren der Schöpfung und ihren Launen ist das eine ganz andere Geschichte. Männer haben sicher kein PMS, trotzdem unterliegen sie Stimmungsschwankungen. Da diese nicht in einem regelmäßigen Rhythmus auftreten, können wir Frauen nicht vorher erkennen, wann es an der Zeit ist, einen Ausflug mit unseren Freundinnen zu machen und ihn seiner schlechten Laune zu überlassen. Das würde die ganze Sache beträchtlich erleichtern, denn Männer können offensichtlich genauso launisch sein wie Frauen, wenn nicht sogar noch schlimmer.

Was ist der Grund dafür? Und wann passiert es?

Ärzte und Wissenschaftler glauben, eine annehmbare Erklärung dafür gefunden zu haben. Sie behaupten, dass es mehr mit den Hormonen zu tun habe als damit, wie viel körperliche Bewegung ein Mann bekommt – sei es auf dem Tennisplatz oder im Bett. Die Forscher haben sogar einen Namen dafür gefunden: *Irritable Male Syndrome,* kurz IMS, das der Psychotherapeut Jed Diamond (der ein Buch mit dem gleichen Titel geschrieben hat) als einen Zustand von »Frustration, Überempfindlichkeit, Angst und Ärger« definiert. Dieser Zustand betrifft ausschließlich Männer und geht mit biochemischen Veränderungen, hormonellen Schwankungen, Stress und Verlust der männlichen Identität einher.

> *»Wenn ich manchmal schlecht gelaunt und schwer*
> *zu ertragen bin, halten meine Frau Trista und*
> *ich uns an einen festen Grundsatz, nämlich, dass meine*
> *schlechte Laune nicht bedeutet, dass*
> *meine Frau schuld ist oder dass sie die Sache*
> *in Ordnung bringen muss.«*
>
> RYAN SUTTER

Diese Theorie besagt, dass der plötzliche Stimmungsumschwung von freundlich und liebevoll zu ärgerlich und aggressiv auf ein plötzliches Abfallen des männlichen Testosteronspiegels zurückzuführen ist. Dadurch ist automatisch das Gehirn betroffen und damit sein Gefühl. Genau wie die Wechseljahre der Frau und die Midlife-Crisis tritt dieses Phänomen besonders in fortgeschrittenem Alter auf.

Allerdings ist dieser biologische Vorgang nicht allgemein bekannt. Es leiden auch nicht alle Männer darunter, und viele machen für ihre unvermittelten Launen andere Gründe verantwortlich, zum Beispiel die Tatsache, dass sie die Übertragung eines Fußballspiels versäumt haben, dass ihnen bei der Arbeit etwas in die Quere gekommen ist, sie nicht genug Sex haben oder einfach nur so schlecht gelaunt sind.

Könnte er einfach hungrig sein?

Manche Männer – zum Beispiel Jills neuer Freund, ein vierzig Jahre alter Rechtsanwalt – merken zwar, dass sie auf einmal bissig und unleidlich werden wie ein kleines Kind, können sich aber nicht erklären, woher ihre Aggression kommt. Sie wissen nur, dass etwas nicht stimmt. Nicht in jedem Fall müssen die Hormone dafür verantwortlich sein. Jill, die den Dingen gern auf den Grund geht, hat sich als Detektivin betätigt und Erstaunliches herausgefunden.

»Zuerst haben mich seine Stimmungsschwankungen bloß aufgeregt«, berichtete sie uns. »Aber dann ist mir aufgefallen, dass er so gut wie jedes Mal den ganzen Tag noch nichts gegessen hatte! Seitdem liegt bei uns ein Beutel mit Nüssen und Gummibärchen parat, und sobald er unleidlich wird, schiebe ich ihm ein paar Handvoll davon in den Mund. Er braucht lediglich ein bisschen Zucker und ein paar Kohlehydrate, und schon ist er wieder ganz der Alte. Das funktioniert immer.«

In diesem Punkt sind Männer und Frauen übrigens gleich: Wer sich ordentlich ernährt, seinen Körper gut pflegt und sich nicht zu viel Stress zumutet, unterliegt viel gemäßigteren Stimmungsschwankungen. Achten Sie daher sowohl bei Ihrem Mann als auch bei sich selbst auf eine gesunde, ausgewogene Ernährung, und sorgen Sie dafür, dass er genügend zu essen und ausreichend liebevolle Zuwendung bekommt.

Vor allem aber gilt: Werden Sie nicht ärgerlich, wenn Ihr Mann mal schlecht gelaunt ist, und lassen Sie es nicht zu einem Streit kommen. Schweigen Sie (wieder einmal), ziehen Sie sich in die Küche zurück, und bereiten Sie ihm einen herzhaften Imbiss zu, den er garantiert mag (oder bringen Sie ein Stückchen seiner Lieblingsschokolade), und lassen Sie ihn dann allein. Das war's auch schon. Wir sind sicher: Er wird sich bald mit einem reuigen Grinsen wieder zu Ihnen gesellen.

Abhilfe bei Stress

Leider ist die Lösung nicht immer so einfach wie eben beschrieben. Im Leben gibt es zahlreiche Höhen und Tiefen, ebenso Situationen, in denen jeder, egal ob Mann oder Frau, an die Decke gehen zu müssen glaubt.

Manchmal lohnt es sich, bei einem scheinbar grundlosen Wutanfall nachzuforschen, welcher tieferliegende Grund dafür verantwortlich sein könnte – die wahre Ursache dafür, dass er plötzlich herumbrüllt, obwohl ihm nur die Gabel heruntergefallen ist.

Fragen Sie sich also: Was läuft bei ihm zurzeit schief? Hat er Probleme in der Arbeit? Ist etwas mit seinen Eltern? Hat er Geld an der Börse verloren? Wenn Sie erst herausgefunden haben, was ihn wirklich bedrückt, können Sie ihm helfen, den Stress abzubauen, indem Sie ihm ausreichend Freiraum geben, um das Problem anzupacken, und indem Sie ihm Mut machen und sein Selbstvertrauen stärken. Damit sind Sie auf dem besten Weg.

Achtung: Wenn es nicht nur schlechte Laune ist

Es ist ein großer Unterschied, ob ein Mann einen normalen Stimmungsumschwung durchmacht oder droht, gewalttätig zu werden. Gewalttätigkeit und Missbrauch jeder Art sind keine Launen mehr. Sollte ein Mann Ihnen oder anderen gegenüber jemals gefährlich aggressiv werden, dann gehen Sie sofort weg, und holen Sie Hilfe. Bei verbaler, körperlicher und insbesondere sexueller Gewalt ist keinerlei Toleranz angesagt.

Je mehr Sie Ihren Mann dazu anregen, Lösungen zu finden (statt ihn zusätzlich unter Druck zu setzen), umso mehr positive Assoziationen mit Ihnen entstehen in seinem Denken und Fühlen. Zeigen Sie ihm, dass Sie ihn für vertrauenswürdig, kompetent und fähig halten, mit den schwierigen Dingen im Leben fertigzuwerden. Streichen Sie ihm aufmunternd über den Rücken, und sagen Sie: »Ich weiß, dass du's im Moment schwer hast, und ich wünschte, ich könnte dir mehr helfen. Aber sieh nur, was du schon alles erreicht und für uns geschaffen hast. Ich bin richtig stolz auf dich. Du bist der Allerbeste.«

Mit Stimmungsschwankungen richtig umgehen

Wenn nichts hilft, dann müssen Sie mit dem Auf und Ab der Gefühle Ihres Mannes umgehen lernen. Halten Sie sich dazu an die folgenden fünf Schritte:

1. Bemühen Sie sich, die Launen Ihres Partners zu verstehen. Manchmal sind schlicht Hormonschwankungen, Unterzucker oder Hunger dafür verantwortlich. Halten Sie sich stets vor Augen, dass Sie keine Schuld trifft.
2. Suchen Sie gezielt nach unterschwelligen Gründen, und finden Sie heraus, ob das Verhalten Ihres Partners durch die Arbeit, durch Stress oder durch sonst eine Veränderung bedingt ist. Löchern Sie ihn aber nicht mit Fragen, sondern sagen Sie ihm, dass Sie ihn verstehen und für ihn da sind, falls er Sie braucht.
3. Lassen Sie Ihren Partner das überschüssige Testosteron auf produktive Weise abbauen. Schlagen Sie ihm vor, joggen oder ins Fitness-Studio zu gehen und sich auszutoben, einen kühlen Drink zu sich zu nehmen oder einen

Abend mit seinen Freunden zu verbringen. Und falls er auf eine andere harmlose Art Dampf ablässt, lassen Sie ihn gewähren. Er braucht es.

4. Belohnen Sie Ihren Partner für sämtliche Verhaltensweisen, die Ihnen gefallen. Auch wenn oder gerade weil er im Moment schlecht gelaunt ist, danken Sie ihm für etwas, das er an diesem Tag für Sie getan hat, oder erwähnen Sie etwas anerkennend, das Ihnen an ihm auffällt und Ihnen das Herz erwärmt. Für ein liebevolles Lob ist jeder Zeitpunkt der richtige.

5. Seien Sie der Fels in der Brandung. Sagen Sie nichts, verkneifen Sie sich kluge Kommentare, und geben Sie Ihrem Partner Zeit und Ruhe, um selbst damit fertigzuwerden. Er wird schon zu Ihnen kommen, wenn er Sie braucht – was wahrscheinlich eher früher als später der Fall sein wird.

Schlechte Laune – was tun?

Sollte Ihr Partner über mehrere Tage oder dauerhaft schlechte Laune haben, so versuchen Sie Folgendes:

* **Helfen Sie ihm, sich Ziele zu setzen.** Wenn Ihr Mann ständig schlecht gelaunt und deprimiert ist – wegen seiner beruflichen Zukunft, seines Gewichts, Problemen in der Familie, was auch immer –, dann regen Sie ihn an, sich zu jedem dieser Ärgernisse Ziele zu setzen. Man bekommt Probleme viel besser in den Griff, wenn man sich dafür Nahziele sowie mittelfristige und Endziele setzt und

dann systematisch aktiv wird. Das hebt sofort die Laune, und man fühlt sich wieder als Herr der Lage.

- **Sorgen Sie für Abwechslung.** Wenn Ihr Mann rastlos in der Wohnung herumstreunt, organisieren Sie eine gemeinsame Aktivität, die Sie für einen Abend, ein paar Tage oder Wochen aus dem Haus lockt. Das kann eine Campingwoche an einem See oder eine Radtour sein, eine Bergwanderung oder auch ein reservierter Tisch in seinem Lieblingslokal – irgendetwas, worauf er sich freuen kann. Planen Sie die Aktivität gemeinsam, das bringt Sie einander ein Stückchen näher.

- **Regen Sie seine Endorphine an.** Wenn Ihr Mann tagelang lustlos zu Hause herumsitzt und nicht vom Sofa hochkommt, schlagen Sie ihm eine harmlose, kleine Aktivität vor. Wie wäre es mit einem Verdauungsspaziergang? Oder einer kleinen Spazierfahrt? Oder einer kleinen gemeinsamen Joggingrunde? Oder einer Stunde Tennis? Alles, was ihn aus dem Haus und an die frische Luft lockt und mit ein wenig Bewegung verbunden ist, wird bei ihm Endorphine freisetzen – bekannt auch als Glückshormone. Versuchen Sie, dies zu einer täglichen Routine werden zu lassen, und er wird seine niedergedrückte Stimmung bald überwinden.

- **Bitten Sie ihn um Hilfe.** Wenden Sie sich einem beliebigen neuen Projekt zu, und bitten Sie Ihren Mann, Ihnen dabei zu helfen. Ob es nun ein neues Computerprogramm ist oder eine körperliche Betätigung wie Hanteltraining oder das Aussuchen einer neuen Couch – fragen Sie ihn nach seiner Meinung, holen Sie sich seinen Rat, und lassen Sie sich bei der Realisierung von ihm helfen. Wenn Männer das Gefühl haben, gebraucht zu werden, jemandem nützlich zu sein oder akzeptiert zu werden, tut das ihrem Ego so gut, dass sich ihre Laune sofort hebt.

Wandernde Blicke

Neben der Launenhaftigkeit Ihres Partners finden Sie vermutlich vor allem seine Angewohnheit, allen attraktiven Frauen in der Nähe hinterherzustarren, als störend. Aber keine Sorge, damit sind Sie nicht allein. Untersuchungen haben ergeben, dass Männer durchschnittlich zehn fremde Frauen pro Tag anstarren und darauf insgesamt dreiundvierzig Minuten verwenden. Das bedeutet, ein durchschnittlicher Mann verbringt annähernd ein ganzes Jahr seines Lebens damit, hübschen Frauen hinterherzuschauen!

Andererseits schauen wir Frauen durchschnittlich sechs Männer pro Tag an, womit wir insgesamt zwanzig Minuten beschäftigt sind, was immerhin – man bedenke! – auch fast sechs Monate unseres Lebens ausmacht. Im Unterschied zu den Männern lassen sich Frauen dabei allerdings seltener ertappen, denn sie machen sich ihr peripheres Blickfeld unauffällig zunutze.

Wir wollen Sie hier aber nicht dazu auffordern, Zahlen

gegeneinander aufzurechnen, denn es ist völlig normal und für Frauen wie für Männer nur natürlich, einen schönen Anblick zu genießen, vor allem, wenn es ein attraktiver Körper ist. Seien Sie also nachsichtig mit Ihrem Mann, wenn Sie ihn dabei ertappen, und sorgen Sie gleichzeitig dafür, dass er Sie weitaus öfter bewundernd anblickt als jede andere Frau.

Wie Sie den Blick Ihres Partners auf sich lenken

Es ist eine schlichte Tatsache, dass Sie Ihren Mann nicht davon abhalten können, andere Frauen anzusehen. Der Trick besteht vielmehr darin, sein Interesse an Ihnen dauerhaft zu erhalten. Glücklicherweise ist es nicht sonderlich schwer, die Aufmerksamkeit Ihres Partners auf Sie zu lenken, Sie müssen ihm nur etwas zum Hinschauen bieten.

Beim Anblick einer Frau, die er attraktiv findet, schüttet der Körper des Mannes zwei Hormone aus, Dopamin und Noradrenalin, die in ihm Erregung, starke Energie, Wachheit und Verlangen wecken. Da Männer im Gegensatz zu Frauen optisch leicht erregbar sind, können sie sehr rasch in einen lustvollen Zustand versetzt werden. Das kommt durchaus auch Ihnen entgegen, denn Sie müssen gar nicht so viel tun, um in ihm Gefühle für Sie auszulösen. Sie müssen einfach nur sexy aussehen! Ach ja, und gut duften sollten Sie auch. Sein Geruchssinn wie auch sein Sehnerv werden Ihren Partner direkt auf Sie zusteuern lassen.

Lust

Nach unserer Erfahrung ist Lust nichts weiter als das Ansteigen des Testosteronspiegels eines Mannes, weshalb er nahezu alles dafür tut, um die ausgewählte Frau ins Bett zu locken.

Leider produzieren Männer jedoch in einer festen Beziehung nach einer gewissen Zeit verstärkt das Hormon Vasopressin, das die Wirkung von Dopamin und Noradrenalin beeinträchtigt und damit die Lustgefühle des Mannes beim Anblick seiner Frau abschwächt. Das erklärt, warum der anfängliche spontane sexuelle Überschwang in den meisten Beziehungen nach etwa sechs Monaten abnimmt.

Zum Glück lässt sich dieser Entwicklung entgegenwirken. Sie können das Interesse und die Lusthormone Ihres Mannes auf einem hohen Pegel halten, indem Sie ihm regelmäßig den Kitzel von etwas Neuem, Unbekanntem bieten.

Zum Beispiel:

Sorgen Sie für Nervenkitzel

Der Dopaminspiegel eines Mannes steigt, sobald er etwas Neues, Aufregendes erlebt, unter anderem durch den Nervenkitzel eines gewagten Abenteuers. Gleichzeitig wird durch die vermehrte Ausschüttung von Dopamin sein sexuelles Verlangen gesteigert. Untersuchungen haben gezeigt, dass ein gemeinsames Erlebnis, bei dem auch Angst im Spiel ist – zum Beispiel eine Achterbahnfahrt, ein Bungee-Sprung, Sex im Freien oder Nacktbaden nachts in einem See –, im Mann sofort das Bedürfnis sowohl nach sexueller als auch nach liebevoller Zuwendung zu der Frau an seiner Seite weckt. Sie müssen also nur dafür sorgen, dass Sie diese Frau sind.

Verleihen Sie Ausgeh-Abenden neue Würze

Wann immer ein Paar Rat sucht, weil es in der Beziehung nicht mehr so knistert wie zu Beginn, empfehlen wir den beiden, ein Rendezvous zu organisieren, das etwas Verheißungsvolles, Geheimnisvolles und Aufregendes hat.

Hier ein paar Tipps dazu:

- Kleiden Sie sich an getrennten Orten an, und überraschen Sie Ihren Mann mit einem neuen sexy Outfit. Treffen Sie sich erst im Restaurant, damit er Sie vorher nicht zu Gesicht bekommt und ihm Ihr Anblick im Restaurant den Atem raubt!
- Vergessen Sie das Wirtshaus um die Ecke, in dem das Essen nur mittelmäßig ist und die Erinnerungen an die üblichen Alltagsgespräche zum Gähnen langweilig sind. Gehen Sie stattdessen einmal ganz woanders hin, in ein gutes Restaurant mit gemütlich-gediegener Atmosphäre und hervorragendem Essen, das all Ihre Sinne betört.
- Nutzen Sie diese Gelegenheit, um Ihren Mann in einen Miniurlaub zu entführen. Das bedeutet: kein Wort über

Arbeit, Kinder, Stress oder die langweiligen Dinge des Alltags. Halten Sie die Unterhaltung heiter, interessant und sexy. Ihr Partner wird garantiert begeistert mitmachen.

• Flirten Sie mit ihm. Zeigen Sie ihm mit Wort und Tat, dass Sie ihn sexy finden. Berühren Sie ihn, wecken Sie Erinnerungen an gemeinsame sexuelle Erlebnisse, und flüstern Sie ihm zu, was Sie sich von ihm wünschen. Damit bringen Sie ihn in null Komma nichts auf Touren, denn das Gehirn macht im Gefühlsleben keinen Unterschied zwischen Wirklichkeit und Fantasie. (Deswegen nehmen uns viele Filme emotional so mit, und wir entwickeln Gefühle, als wäre die Handlung real und nicht nur erfunden.)

Zeigen Sie Ihrem Partner Ihre Anerkennung

Egal, ob Sie einen Mann gerade erst kennen gelernt haben oder mit ihm schon eine feste, dauerhafte Beziehung haben – er hat in jedem Fall ein Bedürfnis nach anerkennenden Worten aus Ihrem Mund, und zwar möglichst oft. Die Art, wie Sie tagtäglich mit Ihrem Partner umgehen, bestimmt die Intensität Ihrer Beziehung. Lächeln Sie, wenn Sie mit ihm telefonieren. Lassen Sie ihn die positiven Schwingungen spüren. Wenn er sich von Ihnen rundherum anerkannt fühlt, wird er mit großer Wahrscheinlichkeit nichts Schlimmeres tun als gelegentlich einmal einer anderen Frau hinterherzublicken.

Lassen Sie sich von Ihrem Partner belehren

Überlassen Sie es ruhig Ihrem Mann, für manche Dinge der Experte zu sein. Wer will schon immer alles besser wissen? Gestehen Sie ihm zu, dass er sich in manchen Angelegenheiten selbst schlaumacht, und lassen Sie sich dann von ihm leiten und belehren. Damit zeigen Sie, dass Sie ihm vertrauen, was seinem Selbstbewusstsein guttut. Er wird sich Ihnen daraufhin umso mehr zuwenden.

Sexy im Alltag

Männer sind visuelle Wesen. Sie reagieren nicht nur stark auf das Aussehen einer Frau, sondern auch darauf, wie sie sich gibt. Trotzdem haben Männer nur selten Affären mit Frauen, die attraktiver sind als ihre Ehefrauen, so seltsam das klingen mag. Eher lassen sie sich mit Frauen ein, die ein gewisses Selbstbewusstsein ausstrahlen, was ihren Körper und ihre Sexualität angeht. Das aber, liebe Leserinnen, können Sie Ihrem Partner auch geben. Es gibt wahrlich keinen Grund für eine Frau, sich in Gegenwart ihres Mannes verschämt oder prüde zu verhalten, schließlich ist er ihr Freund/Lebensgefährte/Ehemann.

Das soll nicht heißen, dass Sie ab sofort nur noch in Reizwäsche durch die Wohnung tänzeln und sich zum Sexobjekt machen sollen (obwohl das, nur so zum Spaß, auch sehr amüsant sein kann!). Nein, es geht vielmehr darum, dass Sie sich Ihrer Sexualität und Attraktivität bewusst sind und das auch zum Ausdruck bringen. Und es geht darum, dass Ihr

Mann wahrnimmt, dass Sie sich in Form halten und auf ein gepflegtes Äußeres achten, weil Sie es sich wert sind. Am Ende werden Sie auch ihm umso mehr wert sein. Seien Sie sich Ihrer sexuellen Macht bewusst. Sie müssen im Bett keine Hochleistungssportlerin oder Kamasutrakünstlerin sein, aber reagieren Sie sexuell und allgemein sensibel auf Ihren Mann. Damit legen Sie den Grundstein für eine gute, dauerhafte Beziehung.

Die Mantras
des Erfolgs

Beherzigen Sie, dass Männer genauso
launisch und gereizt sein können wie Frauen –
daran ist nicht er schuld,
sondern das IMS (*Irritable Male Syndrome*).

Lernen Sie seine Stimmungsschwankungen
zu erkennen und ihnen entgegenzuwirken,
indem Sie ihn dabei unterstützen, sich Ziele zu
setzen, sich richtig zu ernähren
und so mehr Endorphine zu produzieren.

Erkennen Sie den Unterschied zwischen
Stimmungsschwankungen und Missbrauch.
Tolerieren Sie niemals Gewalttätigkeit
oder Missbrauch. Erkennen Sie, wann Sie
sich in Sicherheit bringen müssen,
und dulden Sie ein solches Verhalten nie.
In einer solchen Situation müssen Sie sich Hilfe
und Unterstützung suchen.

Akzeptieren Sie, dass Männer anderen Frauen
hinterherschauen müssen und dass Sie
nichts dagegen tun können.
Verfolgen Sie lieber die Taktik, selbst eine
Augenweide für ihn zu sein.

Epilog

Es geschah nicht über Nacht. Aber eines Tages war es so weit. An einem Sonntagmorgen wachte Heidi mit dem Bedürfnis auf, sich an James zu kuscheln und mit den Lippen seine Haut zu liebkosen. Weder ging ihr eine Liste mit unerledigten Haushaltspflichten durch den Kopf, noch war sie sauer, weil James seine Pflichten nicht erfüllt hatte (so wie früher, was ihr inzwischen eine Ewigkeit her schien). Stattdessen empfand sie nichts als den Wunsch nach Zärtlichkeit.

Zu ihrer Überraschung reagierte James sofort. Er kümmerte sich nicht um das klingelnde Telefon, sondern ließ seinen Tennispartner eine Nachricht auf den Anrufbeantworter sprechen. Nach ihrem ersten spontanen, zärtlichen Sonntagmorgensex seit Jahren stand James allein auf und bereitete für sie beide ein Frühstück im Bett.

Woher kommt nur dieser Traummann?, wunderte sich Heidi.

Dann traf sie wie ein Blitz die Erkenntnis: James hatte sich verändert, weil sie selbst ihre Sichtweise und ihr Verhalten geändert hatte. Sie beklagte sich nicht mehr über den Nichtsnutz an ihrer Seite, weil sie ihn nicht mehr dafür hielt. Die beiden hatten schon seit Wochen keinen Ehekrach mehr gehabt. Außerdem freute Heidi sich, wenn James abends nach Hause kam, und zeigte ihm das auch.

Die Methode hat ihr Leben verändert. Seit sie keine Strichlisten mehr führte, sich bemühte, ihm genügend Freiraum für eigene Betätigungen zu lassen und ihn als seine bessere Hälfte zu ergänzen, harmonierten sie immer besser. James kochte für sein Leben gern, also überließ sie es ihm, gelegentlich für sie zu kochen und neue Restaurants auszuwählen, die sie testen wollten. Heidi meckerte auch nicht wegen des Tohuwabohus, das er dabei in der Küche hinterließ. Sie genoss es vielmehr, sich bedienen zu lassen, dankte ihm herzlich für das köstliche Essen (auch wenn die Bohnen vielleicht etwas zu weich waren) und brachte dann in gelöster Stimmung die Küche rasch in Ordnung. Und siehe da, manchmal räumte James nach dem Kochen sogar selbst auf. Die Freude und Anerkennung, mit der Heidi auf seine Anstrengungen reagierte, weckten in ihm den Wunsch, mehr für sie zu tun. Nicht weil sie es verlangt hätte, sondern weil er ihr von sich aus einen Gefallen tun wollte.

Statt der Strichliste mit seinen Verfehlungen führte Heidi nun eine Strichliste mit all den Dingen, die James für sie getan hatte, und sie bedankte sich bei ihm jedes Mal ausführlich mit Lächeln, Liebkosungen, Worten, seinem Lieblingsessen und sogar mit seiner Lieblingsstellung im Bett.

Auf den Pfaden in die überglückliche Ehe kam Heidi sogar auf die Idee, James die Erlaubnis zu geben, ihr die Gelbe Karte zu zeigen, falls sie mal einen Nörgel-Rückfall haben sollte – und das tat er auch von Zeit zu Zeit. Dann konnten sie herzhaft darüber lachen, und alles war wieder gut.

Nicht nur Heidi, sondern auch seine Freunde bemerkten,

dass James viel umgänglicher und hilfsbereiter geworden war.

Heidi berichtete uns: »Ich glaube, er war schon immer ein toller und lieber Kerl. Ich musste nur erst lernen, seine guten Seiten zum Vorschein zu bringen. Mir selbst geht es seither auch viel besser. Ich fühle mich entspannt und zuversichtlich, bin nicht mehr so fertig und genervt wie früher. Anfangs ist es mir natürlich schon schwergefallen, im rechten Moment zu schweigen. Bis ich dann gemerkt habe, dass das eine Frage des Vertrauens ist. Ich kann mich jetzt darauf verlassen, dass James sich um uns beide kümmert, und ich habe viel mehr Zeit und deutlich mehr Spaß am Leben. Ich lebe nicht mehr unter dem Druck, meinen Beruf *und* die Beziehung bis ins letzte Detail organisieren zu müssen.«

Heidi und James sind ein gutes Beispiel dafür, dass man auch als Frau beides haben kann: eine berufliche Karriere und eine erfüllende Liebesbeziehung.

So, nun wissen auch Sie, wie Sie das anstellen müssen. Fangen Sie also an, und wickeln Sie ihn um den Finger …

Register

Um die ganze Welt des
GOLDMANN Verlages
kennenzulernen, besuchen Sie uns doch
im Internet unter:

www.goldmann-verlag.de

Dort können Sie
nach weiteren interessanten Büchern *stöbern*,
Näheres über unsere *Autoren* erfahren,
in *Leseproben* blättern, alle *Termine* zu Lesungen und
Events finden und den *Newsletter* mit interessanten
Neuigkeiten, Gewinnspielen etc. abonnieren.

Ein *Gesamtverzeichnis* aller Goldmann Bücher finden
Sie dort ebenfalls.

Sehen Sie sich auch unsere *Videos* auf YouTube an und
werden Sie ein *Facebook*-Fan des Goldmann Verlags!

GOLDMANN
Lesen erleben